Verse fürs Poesiealbum

Bruno H. Bull

Heitere und besinnliche

Verse fürs Poesiealbum

FALKEN

Im FALKEN Verlag sind außerdem folgende Bücher mit Poesiealbum-Versen erschienen:
»Verse fürs Poesiealbum« (241)
»Beliebte Verse fürs Poesiealbum« (431)
»Originelle Verse fürs Poesiealbum« (1226)
»Die schönsten Verse fürs Poesiealbum« (4770)

ISBN 3 8068 1543 7

Umschlaggestaltung: Peter Udo Pinzer
Zeichnungen: Hilde Adamczyk, Erding
Redaktion: Winfried Schindler
Satz: Grunewald Satz & Repro GmbH, Kassel
Druck: Neuwieder Verlagsgesellschaft, Neuwied

08106990x817 2635 4453

Inhalt

Im Rosengarten der Poesie 7
Ich schreibe in Dein Album 10
Sei immer vergnügt 20
Unsere Freundschaft, die soll brennen 35
Das Glück ist wie ein Omnibus 48
Wir lieben uns ganz fürchterlich 63
Diese Welt ist doch die beste 78
Ein Blütenkranz ist unser Leben 91
Arbeit macht das Leben süß 107
Kluge Sprüche, weise Lehren 116
So war der Mensch zu allen Zeiten 132
Wer lange lebt auf Erden 144
Verzeichnis der Autoren 158
Methodischer und rechtlicher Hinweis 160

Keine Leserei erfordert eine so strenge Diät
als das Lesen hingestreuter Gedanken.

Johann Gottfried von Herder

In manchem guten Weisheitsspruch
schläft oft im Keim ein ganzes Buch!

Emil Rittershaus

Im Rosengarten der Poesie

Nach einer alten islamischen Legende sprach Adam im Paradies in Versen. Tatsächlich sind alle primitiven Mythen der Menschheit in Versen verfaßt. Der Vers ist die natürliche Form der menschlichen Sprache, oder mit anderen Worten: Die erste Sprache war der Gesang; und der Dichter ist der, der wieder die erste Sprache der Menschheit spricht!
Diese Gedanken äußerte der nicaraguanische Schriftsteller Ernesto Cardenal. Vielleicht sehen wir hier einen Ansatzpunkt, warum in unserem heutigen, so prosaischen Zeitalter der Elektronik noch immer handgeschriebene Büchlein mit schönen Sprüchen, die POESIEALBEN, zumindest bei Kindern so beliebt sind. So war's auch schon im 15. Jahrhundert, als sich Verwandte und gute Freunde auf den übriggebliebenen leeren Seiten der Ahnenpässe des Adels mit einem geistreichen Spruch verewigten. Diese STAMMBÜCHER wurden über Generationen hinweg aufbewahrt und erst viel später durch Gästebücher und Freundschaftsalben ersetzt. Schon im 18. Jahrhundert gab es gedruckte Spruchsammlungen, welche geplagten Leuten, die selber keinen Vers dichten konnten und keine passenden »Lebensworte« vorrätig hatten, aus der Verlegenheit helfen sollten. Die »Sammlung schöner Stellen zum Gebrauch für Stammbücher« (Nürnberg 1794) und »Das Stammbuch, eine Auswahl von Gnomen und Denksprüchen« (Berlin 1812) waren bestimmt nicht die ersten Anthologien dieser Gattung; sie konnten allerdings genau wie das gegen Ende des vorigen Jahrhunderts erschienene, der Großherzogin von Baden gewidmete »Was soll ich meiner Freundin ins Album schreiben?« für die vorliegende Sammlung ausgewertet werden. Hinzu kamen zahlreiche »Sprüche der Weisheit« aus den Werken unserer Klassiker. Die Handschriftenabteilungen von Städti-

schen Büchereien, Jugend- und Staatsbibliotheken bergen manchen Schatz an alten Stammbüchern; auch wenn es nicht immer leicht ist, dort zu »plündern«. Der Herausgeber hat mindestens 60 solcher alten Alben und Spruchsammlungen durchgeblättert, hat auf Kinderflohmärkten nach Büchlein jüngeren Datums gefahndet und dort neben poetischen »Blüten und Perlen« auch manchen von Kindern selbst gereimten Vierzeiler entdeckt. Trotzdem ist kein »Museum« alter Albenpoesie entstanden, sondern ein Gebrauchsbuch zur Verwendung für Eltern, Lehrer und sonstige Erwachsene, aber auch für Teenager, Sprüher, Sprücheklopfer und sogar für Verliebte. Die bunten, vielfältigen metrischen Formen und Inhalte geben darüber hinaus Hobbytextern Anregungen für eigenes wortschöpferisches Tun. Kurzum, es liegt mit dieser Ausgabe ein Kompendium der Gebrauchslyrik zur vielfachen Verwendung vor – als Lieblingsbuch und Nachschlagewerk, als Sammlung mit Leitsprüchen für junge Aussteiger und sogar als optimistischer Wegweiser für verträumte Neoromantiker.
Nach dieser *bescheidenen* Selbstanpreisung ein zweiter Blick in die Geschichte: Dieses Buch will keinen Fluchtweg in die Idylle, in den Schrebergarten der Poesie, weisen. Unsere Ahnen aus dem Biedermeier konnten gegen ihre Unterdrücker – die bösen Potentaten – nur wenig ausrichten. Deshalb richtete sich der Haß der Dichter gegen die Denunzianten, Zensoren und Aufpasser, gegen die Lästerzungen und neidischen Schwestern.
Allein die Kunst konnte den grauen Alltag verschönen, nur sie konnte von der tristen Wirklichkeit ablenken. Ganz zaghaft meldeten sich aufmüpfige Sprücheklopfer, denn mit der Meinungsfreiheit war es nicht weit her. Vielleicht ist dieses Versteckspielen schuld daran, daß wir manches Dichtwerk jener Tage heute nicht mehr so ganz verstehen. Selbst wenn wir heute der Aussage vieler Verse nicht mehr zustimmen, uns mit der erzwungenen, sittsam-bescheidenen Lebenseinstellung unserer Vorfahren nicht mehr identifizie-

ren, so bleibt die Lektüre der altväterlichen Poesie doch ein wahrer Genuß. Ein klassischer Spruchdichter wie Goethe ist nicht nur gut, er ist sogar besser als die meisten seiner Zeitgenossen. Bei kleineren Meistern, wie etwa Rückert und Platen, finden wir Reimkonstruktionen, wie sie heute kein Dichter mehr neu erfinden könnte; Verse, die auf der Zunge zergehen, selbst wenn sie davon singen, daß nicht alle Blütenträume reifen, etwa bei Scheffel:

Behüt Dich Gott! Es wär so schön gewesen.
Behüt Dich Gott, es hat nicht sollen sein!

Während auch heute noch die Dichter bis zu Beginn des 20. Jahrhunderts mit ihren Sprüchen eifrige Aufnahme in die Poesiealben finden, kämpfen die modernen Dichter gegen Ausgang unseres Jahrhunderts auf verlorenem Posten um die Aufnahme ihrer Texte. Für die »schönen Stellen« aus ihren lyrischen Werken bleiben – mit Ausnahme von wenigen Parodien – die Alben zu. Gleichwohl finden die seit kurzem in Mode gekommenen, sogenannten Spontiverse, wie sie von Sprühkünstlern an graue Mauern gesprayt oder auf Schulbänke gekritzelt werden, Anerkennung und rege Aufnahme. Jungen und Mädchen mit Spürnasen für höheren Blödsinn, für Sprachspiel und Protest, schreiben sie dem Partner ins Album, verschicken sie als Geburtstagsgruß oder verwenden sie als Aufkleber oder Wandspruch. Der Herausgeber hat auch dieses Spruchgut, das oft im bissig-verspielten Gegensatz zum Althergebrachten steht, gesammelt und der Anthologie – mit der Kennzeichnung »Spruch« – kontrapunktisch einverleibt; in einigen Fällen wurden die Texte leicht bearbeitet, allzu Lästerliches wurde auch weggelassen. Nichtsdestoweniger wußte schon der alte Geheimrat in Weimar: »Wer vieles bringt, wird manchem etwas bringen!«

Ich schreibe in Dein Album

Aller Anfang ist schwer; doch wer die Wahl hat, hat auch die Auswahl. Ein Spruch fürs Poesiealbum soll nicht nur ein heiteres Souvenir in Schriftform sein, sondern auch etwas über die Persönlichkeit des Schreibers aussagen, dem Besitzer des Stammbuches Merkvers und Mahnung sein. Nicht nur der Abschreiber hat es schwer, auch die Schöpfer der Originale haben oder hatten ihre Probleme. Heinz Erhardt, der gewichtige Humordichter der Nachkriegszeit, wußte ein Verslein davon zu singen:

In nur vier Zeilen was zu sagen
erscheint zwar leicht; doch es ist schwer!
Man braucht ja nur mal nachzuschlagen:
die meisten Dichter brauchen mehr!

Keinen Deiner künftigen Tage
trübe nur die kleinste Plage,
möchten sie doch, mild und rein,
alle Frühlingstage sein.

Album 1856

Wenn Du mal sehr traurig bist
und das Lachen ganz vergißt,
schau in dieses Album rein:
Bald schon wirst Du fröhlich sein!

Kinderalbum

Wenn sich die Sprüche widersprechen,
ist's eine Tugend und kein Verbrechen.
Du lernst nur wieder von Blatt zu Blatt,
daß jedes Ding zwei Seiten hat.

Paul Heyse

Du fragst: Was nützt die Poesie?
Sie lehrt und unterrichtet nie.
Allein, wie kannst Du noch so fragen?
Du siehst an Dir, wozu sie nützt:
Dem, der nicht viel Verstand besitzt,
die Wahrheit durch ein Bild zu sagen.

Christian Fürchtegott Gellert

Weiß uns der Leser auch für unsre Kürze Dank?
Wohl kaum; denn Kürze wird durch Vielheit leider lang.

Gotthold Ephraim Lessing

Was reif in diesen Zeilen steht,
was lächelnd winkt und sinnend fleht,
das soll kein Kind betrüben.
Die Einfalt hat es ausgesät,
die Schwermut hat hindurchgeweht,
die Sehnsucht hat's geschrieben.

Clemens Brentano

Was paßt, das muß sich ründen,
was sich versteht, sich finden,
was gut ist, sich verbinden,
was liebt, zusammen sein;
was hindert, muß entweichen,
was krumm ist, muß sich gleichen,
was fern ist, sich erreichen,
was keimt, das muß gedeihn.

Novalis

Es hat der Autor, wenn er schreibt,
so was Gewisses, das ihn treibt.
Der Trieb zog auch den Alexander
und alle Helden miteinander.
Drum schreib ich auch allhier mich ein;
ich möcht nicht gern vergessen sein.

Aus dem 19. Jahrhundert

Um einen guten Freund zu finden,
sucht der bekannte Diogen
in Bergen, Tälern und in Gründen,
und kann doch keinen solchen finden:
Wie schön ist nicht der Zeiten Lauf!
Heut schlägt man nur das Stammbuch auf;
so stehn auf jeder Seite
dergleichen brave Leute.

Aus dem 19. Jahrhundert

Klug war der Mann, der sich das erste Stammbuch machte
und darin seiner Freunde dachte;
denn wenn sie in der Not, wie's oft geschieht, verschwinden,
so lassen sie sich doch im Stammbuch wiederfinden.

Aus dem 19. Jahrhundert

Mit Schwung mal ich mein Verslein hin
Dir in das Buch voll Namen.
Wenn ich auch noch die Kleinste bin,
so sei doch damit angefangen.

Kinderalbum

Ich bin zwar noch klein
und kann noch nicht reimen;
ist dies Blatt entzwei,
so mußt Du es leimen!

Kinderalbum

Rosen, Tulpen, Zwiebeln,
Viktoria, ich muß grübeln!
Find ich keinen Vers für Dich,
lachen alle über mich.

Kinderalbum

Ist
das
nicht
ein
närrisch
Wesen?
Hat's
vor
Augen
und
kann's
nicht lesen?

Um 1900

Die Tinte macht uns wohl gelehrt,
doch ärgert sie, wo sie nicht hingehört.
Geschrieben Wort ist Perlen gleich,
ein Tintenklecks ein böser Streich.

Johann Wolfgang von Goethe

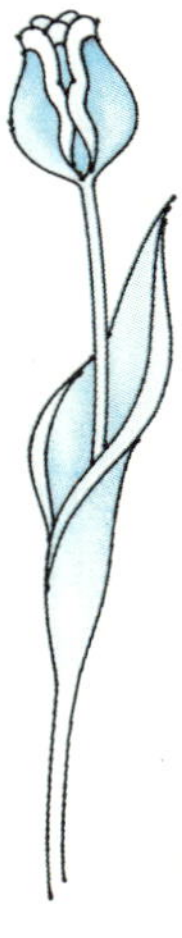

Du willst, ich soll Dir schreiben
ins Album ein Gedicht?
Verzeih! Das ist nicht möglich,
denn dichten kann ich nicht.
Und könnte ich auch dichten,
ein reizendes Sonett:
es wär nicht wie Du selber,
so reizend und so nett!

Kinderalbum

Du liest wohl in späteren Jahren
die Blätter des Albums einst nach;
Du rufst Dir die Zeit, die entschwunden,
die Tage der Kindheit dann wach.
Da wirst Du manch Blättlein wohl wählen,
geschrieben von liebender Hand,
und wirst von der Freundin erzählen,
was nie dem Gedächtnis entschwand.
Und stellt Dir dann jemand die Frage:
»Wer war's, die dieses Dir schrieb?«
Dann denke Du immer und sage:
»Die Schreiberin hatte mich lieb!«

Aus dem 19. Jahrhundert

Meine Finger sind die Feder,
meine Wangen das Papier,
meine Tränen sind die Tinte,
wenn ich schreiben will an Dir.

Aus Berlin

Steil sind oft die Lebensstufen
und so hart wie Felsgestein.
Später einmal wirst Du rufen:
»Schön war's doch, ein Kind zu sein!«

Kinderalbum

Alle Tag ein Stückerl weiter,
alle Tag ein bisserl gescheiter.

Aus Süddeutschland

Ein Verslein nach der Mode
fällt mir sogleich nicht ein.
Doch will ich bis zum Tode
Dir treu ergeben sein.

Studentenalbum

Ich schreibe in Dein Album,
was an den Wänden steht:
Nur phantasielose Menschen
flüchten in die Realität.

Spruch

Ich schreibe mich ins Album ein,
weil ich nicht möcht vergessen sein;
doch auch im Herzen möcht ich stehn,
das Album könnt verloren gehn.

Aus dem 19. Jahrhundert

Ich soll Dir was ins Album schreiben,
doch fällt mir leider gar nichts ein,
Du sollst ein liebes Mädel bleiben,
das wird das allerbeste sein.

Kinderalbum

Wer kann keinen Spaß verstehn,
soll nicht in dies Album sehn.

Volkstümlich

Dichten kann ich leider nicht,
denn mir fehlt die Muse.
Wenn Du Verse haben willst,
sei so gut, mach Du se!

Aus Berlin

Meinst Du wirklich ganz im Ernste,
wenn man mich zum Dichten zwinge
und mir steht danach der Sinn nicht,
daß ich gute Verse bringe?

Studentenalbum

So viel Dornen ein Rosenstock,
so viel Haare ein Ziegenbock,
so viel Flöh ein Pudelhund,
so viel Jahre bleib gesund.

Album-Klassiker

Ich muß in dieses Album rein,
und soll es auch die Quere sein!

Album 1833

Was soll ich Dir zum Denkmal geben,
das Dich an mich erinnern soll?
Ich will in Deinem Stammbuch leben,
denk auch an mich und lebe wohl!

Stammbuch 1833

Ich wünsche Dir die schönsten Vergnügungen
dieser Welt: sich in Gesundheit aalen,
im Geld schwimmen, im Erfolg sonnen.
In Liebe tauchen und in Glück baden!

Spruch

Ich wünsch Dir so viel gute Zeit,
als Sand im breiten Meere leit.
Es soll Dir so viel gut ergehn,
als Sternlein an dem Himmel stehn.
Es soll Dich Gott sovielmal segnen,
als Tropfen in sieben Jahren regnen.

Aus Süddeutschland

Berlin, das Datum weiß ich nicht,
und einen Kalender hab ich nicht.
Die Tinte ist mir eingefroren,
die Feder hab ich auch verloren.
Der Bleistift ist mir abgebrochen,
vor Angst bin ich ins Bett gekrochen.
Berlin, das Datum weiß ich nicht:
Ich glaub, es ist Vergiß-mein-nicht!

Kinderalbum

Drei Engel mögen Dich begleiten
durch Deine ganze Lebenszeit,
und die drei Engel, die ich meine,
sind Liebe, Glück, Zufriedenheit.

Aus dem 19. Jahrhundert

Überall ist Platz
für einen guten Satz.
Drum schreib ich hier hin,
wie gut ich Dir bin.

Spruch

Du bist so klein und niedlich,
und heiter ist Dein Blick.
Gott möge Dich erhalten
zu Deiner Eltern Glück.

Kinderalbum

Rein wie das Täubchen,
klar wie der Bach,
fließe Dein Leben
ohn Ungemach.

Volkstümlich

Schreibst Du Dich ins Album ein,
wasch Dir erst die Hände rein!

Kinderalbum

Sei immer vergnügt

Humor ist, wenn man trotzdem lacht! Eine pessimistische Lebenseinstellung ist sprichwörtlich für die Mehrzahl der großen und berühmten Humoristen. Der Clown lacht unter Tränen, die Narrenfreiheit ist Last und Lust zugleich. Von Wilhelm Busch bis zu Karl Valentin gibt's schwermütige Gaudizeugen übergenug, und auch Heinz Erhardt konnte nicht umhin, zuweilen das Trübsalshorn zu blasen:

Wenn Dir ein Fels vom Herzen fällt,
so fällt er auf den Fuß Dir prompt!
So ist es nun mal auf der Welt:
ein Kummer geht, ein Kummer kommt!

Willst andern Du die Zähne zeigen,
so lächle Deinen Nächsten an!

Spruch

Zittre nicht und zage nicht,
sei nicht ungeduldig;
was Du nicht bezahlen kannst,
das bleib den Leuten schuldig.

Kommersspruch

Salomo der Weise spricht:
»Es ist alles eitel!«
Nur drei Dinge sind es nicht:
schöne Mädchen, guter Wein
und ein voller Beutel.
Hab ich dies, so bin ich froh
wie der König Salomo
vom Fuße bis zum Scheitel.

Studentenalbum

Sokrates, der weise Greis,
sagte oft in tiefen Sorgen:
»Ach, wie viel ist doch verborgen,
was man immer noch nicht weiß.«
Und so ist es. – Doch indessen
darfst Du eines nicht vergessen:
Eines weißt Du doch hienieden,
nämlich, wenn Du unzufrieden.

Studentenalbum

Der Erde köstlichster Gewinn
ist frohes Herz und reiner Sinn.

Johann Gottfried Seume

Weißt Du, worin der Spaß des Lebens liegt?
Sei lustig! - Geht es nicht, so sei vergnügt.

Johann Wolfgang von Goethe

Lustig gelebt und selig gestorben
heißt dem Teufel die Rechnung verdorben.

Studentenalbum

Immer lustig und vergnügt,
bis der Steiß im Sarge liegt.

Spruch

Immer lustig, niemals traurig!
Wer dies nicht ist, den bedaur ich.

Schüleralbum

Immer lustig, immer heiter,
wie der Blitz am Blitzableiter,
wie der Affe frech im Zoo
lebe glücklich, lebe froh!

Kinderalbum

Willst Du lustig leben,
geh mit zwei Säcken;
einen zum Geben,
einen, um einzustecken.
Da gleichst Du Prinzen,
plünderst und beglückst Provinzen.

Johann Wolfgang von Goethe

Sei froh und übe Dich im Lachen,
denn Lachen, das tut gut.
Laß Dir kein X für ein U vormachen,
sei immer auf der Hxt!

Spruch

Sei fröhlich wie ein Vögelein,
sing lustig in den Tag hinein.
Des Lebens Ernst, er kommt noch früh,
die Jugend nütz, genieße sie!

Kinderalbum

Mache in der heitren Weise
Deine frohe Lebensreise.
Vor Kopfschmerzen und vor Grillen,
die das Herz mit Gram erfüllen,
vor Brandschaden, Nachtgespenstern,
Flöhen und zerschlagenen Fenstern
und vor treulosen Husaren
soll das Schicksal Dich bewahren.

Studentenalbum

Immer munter und frisch
wie im Wasser der Fisch,
wie im Kleefeld der Has,
wie der Heuschreck im Gras,
wie das Entlein im See,
wie das Füchslein im Schnee,
wie das Fröschlein am Bach,
wie der Spatz auf dem Dach,
wie das Fähnlein im Wind,
immer munter, mein Kind!

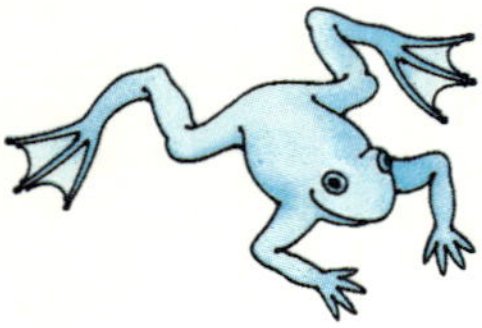

Neueres Volksgut

Sei heiter!
Es ist gescheiter
als alles Gegrübel.
Gott hilft weiter;
zur Himmelsleiter
werden die Übel.

Theodor Fontane

Viel schöner bist Du, wenn Du lachst,
als wenn Du eine Schnute machst!

Kinderalbum

Nie verlerne, so zu lachen,
wie Du jetzt lachst, froh und frei,
denn ein Leben ohne Lachen
ist ein Frühling ohne Mai.

Volkstümlich

Lachen ist gesund!
Hätten wir nur einen Grund zum Lachen,
könnte das Lachen uns Freude machen.

Spruch

Lerne zu warten,
warten ist hart,
aber bedenke:
Kommt Zeit, kommt Bart!

Spruch

Reden ist Silber,
Schweigen ist Pappe,
sei munter und fröhlich
und halt Deine Klappe.

Kinderalbum

Witz auf Witz!
Blitz auf Blitz!
Schlag auf Schlag!
Ob's auch einschlagen mag?

Johann Wilhelm Ludwig Gleim

Bei aller Liebe:
Besser etwas Sand im Schuh
als Sand im Getriebe.

Spruch

Lieber beschwipst und blank
als nüchtern und krank.

Spruch

Geh munter durch das Leben,
mein Freund, verzweifle nicht.
Besser 'nen Schalk im Nacken
als eine Faust im Gesicht.

Spruch

Ich wollt, ich wär ein Elefant,
dann könnt ich jubeln laut.
Mir wär's nicht um das Elfenbein,
nein, um die dicke Haut!

Volkstümlich

Leb Dein Leben,
sei fidel,
und sei nimmer
ein Kamel.

Spruch

Merke Dir in jedem Fall,
gleich dem Huhn im Hühnerstall;
bist Du noch so froh bewegt:
Gackre erst, wenn's Ei gelegt.

Kinderalbum

Auch die kleinsten Freudenkörner
nur recht fröhlich aufgepickt!
Denn sie helfen Dir verdauen,
was sonst schwer im Magen liegt.

Kinderalbum

Scheint Dir auch mal das Leben rauh,
sei still und zage nicht:
die Zeit, die alte Bügelfrau,
macht alles wieder schlicht.

Wilhelm Busch

Und kommt es Dir zuweilen vor,
als ächze schwer Dein Lebenskarren:
Öl rasch die Räder mit Humor,
dann hört er wieder auf zu knarren.

Volkstümlich

Die Freude fällt uns in die Hände,
die bloße Kunst nur, sich zu freu'n,
die will geübt, errungen sein.

Christoph August Tiedge

Der Mensch lebt nicht vom Brot allein,
es muß auch Wurst und Käse sein.

Parodie (nach einem Bibelvers)

Du brauchst von mir kein Sprüchlein,
brauchst auch nicht meinen Rat,
Du bist auch ohne Wasser und Seife
eine, die sich gewaschen hat.

Spruch

Paulus schrieb an die Korinther:
»Oh, wie kalt ist es im Winter!«
Darauf schrieb er an Babett:
»Liebes Mädchen, Du bist nett!«

Kinderalbum

Liebe Bianka, bleib gesund,
bis zwei Kirschen wiegen ein Pfund.

Kinderalbum

Ein Seehund lag am Meeresstrand,
wusch sich die Schnauz mit weißem Sand.
Oh, möchte doch Dein Herz so rein
wie diese Seehundschnauze sein.

Kinderalbum

Ein Häuschen aus Zucker,
aus Zimt sei die Tür,
der Riegel aus Bratwurst,
das wünsche ich Dir.

Volksgut

Du bist mir eine tolle Nummer;
doch lieber Dich zum Freund
als gar keinen Kummer.

Spruch

Ein einsames Stübel
ist manchmal nicht übel,
ein Mädchen - Dein Liebel -
und mehrere Kübel
voll schäumendem Bier,
dies alles hernieden
zu genießen in Frieden,
das wünsche ich Dir.

Studentenalbum

Lebe lustig, lebe heiter,
küss die Buben und so weiter,
denn schon die Aposteln schrieben:
Du sollst Deinen Nächsten lieben!

Kinderalbum

Gedenke meiner nah und fern,
gedenke meiner oft und gern!
Gedenke meiner, wenn Du bei Erdäpfeln sitzt
und wenn Du einmal bei der Arbeit schwitzt.

Kinderalbum

Laß den Kopf nicht hängen,
habe frohen Mut.
Einst wird's wieder heller,
einst wird's wieder gut.

Volkstümlich

Unnötige Sorgen? Vergebens,
daß Du Dich ängstigst und kränkst.
Freue Dich Deines Lebens;
es ist schon später als Du denkst!

Spruch

Laß fünf auch heut gerade wie gestern sein.
Hemm in Fortunens Rade die Speichen ein.
Steh fest bei der Blockade von Schurkerei'n
wie fern am Elbgestade der Königstein,
sonst kommst Du sonder Gnade um Dein Latein.
Zerfließ nicht wie Pomade im Vollmondschein
beim Schall der Serenade: »Ich denke Dein!«
Im Ganzen bleib Nomade, dann wird Gedeih'n
zur Erdenpromenade Dir Gott verleih'n.

Friedrich Matthisson

Laß nur die Sorge sein,
das gibt sich alles schon;
und fällt der Himmel ein,
kommt doch eine Lerche davon.

Johann Wolfgang von Goethe

Sei ohne Furcht, hüpf ruhig zu!
Mach Sprünge wie ein Känguruh,
sei fest gepanzert, wenn's vonnöten,
wie die großen Landschildkröten.
Guck niemals neidisch oder scheel,
benimm Dich nie wie ein Kamel,
sei auch nicht duldsam wie ein Esel:
Viel lieber bleib der alte Schnösel!

Spruch

Wenn Dich die bösen Buben locken,
dann folge ihnen nicht. Stopf Socken!

Studentenalbum

Laß Dich nicht aus der Fassung bringen,
denk an »Götz von Berlichingen«.

Spruch

Sei vergnügt! Wir leben noch.
Klingt es nicht, so klappert's doch.

Aus Berlin

Jeder Lenz bringt neue Lieder,
jeder Tag bringt neues Licht.
Vieles in der Welt kehrt wieder,
doch die schöne Schulzeit nicht.

Kinderalbum

Sei immer vergnügt:
Das genügt!

Spruch

Sei von Herzen froh!
Das ist das A und O.

Johann Wolfgang von Goethe

So zärtlich wie ein Trampeltier,
so eiskalt wie der Mond,
unschuldig wie der schwarze Teufel,
der in der Hölle wohnt.
So temperamentvoll wie die Schnecke
und störrisch wie ein Vieh,
so eingebildet wie ein Filmstar,
so, Petra, bis Du – nie!

Spruch

Willst Du ewig von mir weichen,
Karoline? (= Fragezeichen).
Ach, was bin ich ohne Dich,
liebes Kind, – (= Gedankenstrich).

Studentenalbum

In meiner Stube rußt der Ofen,
in meinem Herzen ruhst nur Du.

Vogel

Es lebt der Eisbär in Sibirien,
es lebt in Afrika das Gnu,
es lebt der Säufer in Delirien,
in meinem Herzen lebst nur Du.

Studentenalbum

Es haut der Förster seine Föhren,
es haut die Magd die Türe zu,
es haut der Lehrer seine Gören,
in meinem Herzen haust nur Du!

Es spuckt der Bäcker in die Hände,
es spuckt die Köchin ins Ragout,
es spuckt der Lausbub an die Wände,
in meinem Herzen spukst nur Du!

Es webt die Spinne ihre Netze,
es webt der Weber ohne Ruh,
es webt die Norne bis aufs Letzte:
in meinem Herzen webst nur Du!

Die Made leckt an der Kaldaune,
es leckt am Regenwurm der Barsch,
am Honig leckt der Bär, der braune,
und Du, mein Freund? – Leb wohl, leb wohl!

Studenten-Parodien

Nicht Wünschelrute und Alraune:
die beste Zauberei liegt
in der guten Laune.

Spruch

Wo man raucht, da kannst Du ruhig harren,
böse Menschen haben nie Zigarren.

David Kalisch

Wo man am meisten drauf erpicht,
gerade das bekommt man nicht.

Wilhelm Busch

So leb denn wohl, leb glücklich und zufrieden,
gedenk der Freundin, die Dich liebt,
die glücklich ist, wenn nie Dein Glück hernieden
ein Unfall oder Kummer trübt.
Nimm noch zuletzt von meinen Schwesterlippen
den Kuß der ewigen Freundschaft hin.
An Dich gedenken werd ich mit Entzücken,
bis ich einst Staub und Asche bin.

Stammbuch um 1850

Im Walde turnt das Känguruh,
in meinem Herzen turnst nur Du.

Kinderalbum

Bei Vollmondschein und Becherklang
ertönt so froh der Liedersang.
Wer Vollmondschein nicht liebt und ehrt,
ist auch den Sonnenschein nicht wert.

Studentenalbum

Unsere Freundschaft, die soll brennen

»Was wäre, wenn ich Dich nicht hätte!« Ein oft gesprochenes geflügeltes Wort, das jeden erfreut, dem's gesagt oder geschrieben wurde: Die Freundschaft kommt wie sanftes Mondenlicht! Um so größer ist die Enttäuschung, wenn sie gebrochen wird. Geheimbündler, politische Verschwörer, Burschenschafter schreiben und schrieben die Freundschaft aufs Papier. Männerfreundschaft war den Unterdrückten ein fester Anker. So entstanden die meisten gereimten Freundschaftsbekenntnisse im vorigen Jahrhundert. In gegenwärtigen »Sprüchen« sieht man dieses Thema etwas lockerer. Auch Heinz Erhardt weiß die Freundschaft im Vers zu besingen.

Was wär ein Apfel ohne -sine,
was wären Häute ohne Schleim-,
was wär die Vita ohne -mine,
was wären Gedichte ohne Reim?
Was wär das E ohne die -llipse,
was wär veränder ohne -lich,
was wären Kragen ohne Schlipse,
und was wär ich bloß ohne Dich?

Wenn Du Dir eine Freundin wählst,
dann wähle Dir die rechte,
denn unter 100 Freundinnen
sind 99 schlechte.

Kinderalbum

Ich habe drei Wünsche, die sind zwar klein,
doch passen sie hübsch in Dein Album hinein.
Fürs erste: Sei frisch, gesund und munter!
Fürs zweite: Komm in der Schule nicht runter!
Fürs dritte: Vergiß Deine Freundin nicht,
sonst macht sie Dir immer ein böses Gesicht.

Kinderalbum

Hinter Frankfurts festen Mauern
schlossen wir einst Freundschaft an,
ewig, ewig soll sie dauern,
bis ich nicht mehr atmen kann.

Kinderalbum

Wenn Du einst mit rosigen Wangen
und mit feingelocktem Haar
und vom Schleier reich umfangen
hintrittst vor den Traualtar,
dann gedenke, liebe Rosa,
an die frühere Jugendzeit,
als wir oft beisammen saßen
und uns teilten Freud und Leid.

Kinderalbum

Zwei Täubchen, die sich küssen,
die nichts von Falschheit wissen,
so liebevoll und rein
soll unsre Freundschaft sein.

Kinderalbum

Dein gedenk ich, still erfreut,
selbsten in der Einsamkeit;
ja, im dicksten Publikum
schwebt mein Geist um Dich herum.

Wilhelm Busch

Wer Freunde sucht, ist sie zu finden wert:
wer keinen hat, hat keinen noch begehrt.

Gotthold Ephraim Lessing

Freundschaft, Liebe, Stein der Weisen,
diese dreie hört ich preisen,
und ich pries und suchte sie,
aber, ach! Ich fand sie nie.

Heinrich Heine

Besser, daß das Herz Dir bricht
von dem Kuß der Rose,
als Du kennst die Liebe nicht
und stirbst liebelose.

Friederike Robert

Alles bricht und alles fällt
mit dem Leben in der Welt,
wahre Freundschaft nur allein
soll bei uns unsterblich sein.

Album 1835

Die reine Freundschaft reiner Herzen
geht Hand in Hand in Freud und Schmerzen,
kein Glück, kein Mißgeschick trennt sie.

Johann Kaspar Lavater

Glück sei Dein Los,
Freundschaft meine Bitte!

Aus dem Biedermeier

Durch Liebe, Sitte, Tat und Mund
geschlossen wird der Freundschaftsbund.

Album 1842

Gleicher Sinn und gleiche Herzen,
gleiche Freuden, gleiche Schmerzen:
sind sie nicht der Freundschaft Band,
welches ewig hat Bestand?

Stammbuch 1653

So geht es bergauf, so geht es bergrunter.

Doch unsere Freundschaft
geht niemals unter.

Schüleralbum

Die Stunden sind verloren,
die wir dem Freund nicht weih'n.
Zum Glück sind wir geboren,
drum laßt uns glücklich sein.

Friedrich von Cronegk

Am meisten ist und wahrsten der mein Freund,
der warm, nicht heiß das Gute, das ich habe,
und streng nicht, doch genau, den Fehl auch sieht.
Hat dieser Freund ein Herz der Redlichkeit,
so liebt er mich, wie ich geliebt will sein.

Friedrich Gottlieb Klopstock

Im Unglück erst bewährt sich Männerkraft,
und Freundestreue prüft man erst im Sturm.

Theodor Körner

Ein Herz und eine Seele sei
mit seinem Freund der Freund,
liebreich und wahrhaft, mild und frei,
in Fern und Tod vereint.
Einst bringt, wer früher starb, im Glanz
dem Brudergeist den Palmenkranz.

Johann Heinrich Voß

Steht ein Freund Dir liebreich noch zur Seite,
reich ihm brüderlich die treue Hand.
Oh, dann winkt Dir noch ein Stern der Freude
und umglänzt das sanft geschlossene Band.
Hoffend darfst Du in die Zukunft schauen,
und Dein Innres stärkt sich durch Vertrauen.

Album 1882

Glücklich, wer auf seinem Pfad
einen Freund gefunden hat!

Studentenlied

Nie soll der Freundschaft hoher Preis
bloß auf der Zunge spielen.
Ein Freund muß ihn durch regen Fleiß
und durch Verdienste fühlen.
Er muß vom Eigennutze rein
ihm seine ganze Seele weihn.

Volkstümlich nach 1800

Die Freundschaft währt ewig,
die Liebe vergeht,
drum wähle die Freundschaft,
die ewig besteht.
Die Liebe bringt Rosen,
die Freundschaft die Ruh,
drum wähle die beiden
und glücklich bist Du!

Aus dem 19. Jahrhundert

Freund, such im stillen Tale
den düftereichsten Hain,
und gieß aus goldner Schale
den frohen Opferwein.
Noch lächelt unveraltet
das Bild der Erde Dir;
der Gott der Liebe waltet
noch über Dir und mir!

Friedrich Hölderlin

Die Freundschaft ist die heiligste der Gaben;
nichts Heiligeres konnt uns ein Gott verleihn,
sie würzt die Freud und mildert jede Pein,
und einen Freund kann jeder haben,
der selbst versteht, ein Freund zu sein.

Christoph August Tiedge

Die Freundschaft gibt zwar nicht
die Seligkeit der Liebe,
doch wär ein Leben hart,
das ohne Freundschaft bliebe.

Aus dem 19. Jahrhundert

Die guten Freunde wachsen
nicht einfach auf dem Mist.
Sage mir, mit wem Du umgehst,
und ich sage Dir, wer Du bist.

Spruch

Die Liebe bricht herein wie Wetterblitzen,
die Freundschaft kommt wie sanftes Mondenlicht;
die Liebe will erwerben und besitzen,
die Freundschaft opfert, doch sie fordert nicht.

Emanuel Geibel

Wenn jemand schlecht von Deinem Freunde spricht,
und scheint er noch so ehrlich, glaub ihm nicht.
Spricht alle Welt von Deinem Freunde schlecht,
mißtrau der Welt und gib dem Freunde recht.
Nur wer so standhaft seine Freunde liebt,
ist wert, daß ihm der Himmel Freunde gibt.
Ein Freundesherz ist ein so seltner Schatz,
die ganze Welt ist dafür nicht Ersatz.

Friedrich Bodenstedt

Die Erde kann vergehen,
die Sonne kann erblassen,
doch wahre Freundschaft
soll uns nie verlassen.

Volkstümlich

Wer die Freundschaft und die Liebe
nie gesucht mit heißem Triebe,
ist ein zehnmal ärmrer Tor
als wie der, der sie verlor.

Fliegende Blätter

Und wenn ein Freund Dich kränkte,
verzeih's ihm und versteh:
es ist ihm selbst nicht wohl dabei,
sonst tät er Dir nicht weh.

Friedrich Rückert

Bist Du mein guter Freund,
so stimme mit mir ein:
Du sollst mein Jonathan,
ich will Dein David sein.

Aus dem Biedermeier

David und Jonathan liebten sich sehr,
gute Freunde noch viel mehr.

Aus dem 19. Jahrhundert

Und wärst Du auch dem ärmsten Bettler gleich,
bleibt Dir ein Freund, so bist Du reich.
Doch wer den höchsten Königsthron gewann
und keinen Freund hat, ist ein armer Mann.

Friedrich Bodenstedt

Wenn zwei gute Freunde sind,
die einander kennen,
Sonn und Mond begegnen sich,
ehe sie sich trennen.

Clemens Brentano

Kannst Du eigentlich ermessen,
welch ein guter Freund Du mir?
Solltest Du das je vergessen,
wär das gar nicht nett von Dir!

Kinderalbum

Unsere Freundschaft, die soll brennen
wie ein dickes Dreierlicht;
Freunde wollen wir uns nennen,
bis der Mops Französisch spricht.

Stammbuchvers

Unsere Freundschaft, die soll wurzeln,
bis wir in den Sarg reinpurzeln.

Studentenalbum

Wenn Teufel beten und Engel fluchen,
wenn Katz und Mäuse sich besuchen,
wenn alle Mädchen keusch und rein,
dann hör ich auf, Dein Freund zu sein!

Album 1882

Der Eskimo in Kanada
ist gleich mit seiner Nase da,
um freundlich sich mit Dir zu reiben.
So soll auch unsere Freundschaft bleiben:
Hab stets die Nase hochgestellt,
und reib Dich mit der ganzen Welt!

Spruch

Wenn Berg und Tal uns trennen,
und wir uns kaum noch kennen,
dann denk an dieses Blatt
und wer's geschrieben hat.

Volkstümlich

Wenn Dich des Lebens Bürden drücken,
und selbst wenn schon mit finsteren Blicken
die Abendsonne auf Dich scheint,
und wenn die Stirn sich wirft in Falten,
wenn Kummer will das Herz Dir spalten
und wenn Dein Auge Tränen weint,
so denk an Deinen Herzensfreund.

Aus dem 19. Jahrhundert

Wenn alle Ketten reißen,
wenn jedes Herz zerbricht,
wenn alle Dich vergessen,
mein Herz vergißt dich nicht.

Studentenalbum

Weil Du mich, Freund, beschenkst mit Dir,
so dank ich billig Dir mit mir;
nimm hin deswegen mich für Dich,
ich sei Dir du, sei Du mir ich!

Friedrich von Logau

Dort, wo der Fels zum Himmel strebt,
wo überm Tal der Adler schwebt,
wo tosend der Gebirgsbach schäumt,
dort hab ich stets von Dir geträumt.

Aus den Bergen

Dünste steigen auf und werden
in den Wolken Blitz und Donner
oder Regentropfen.
Dünste steigen auf und werden
in dem Haupte Zorn und Unmut
oder werden Tränen.
Freund, bewahre Deinen Himmel
vor dem Dunst der Leidenschaften;
Deine Stirn sei Sonne.

Johann Gottfried von Herder

Wenn ich Dich sehe,
vor Freuden ich krähe!

Volksmund

Wer die Freundschaft brechen kann,
fing sie nie von Herzen an.
Der wird fälschlich Freund genennt,
der sich von dem Freunde trennt.

Friedrich von Logau

Freund in der Not will nicht viel heißen;
hilfreich möchte sich mancher erweisen.
Aber die neidlos ein Glück Dir gönnen,
die darfst Du wahrlich Freunde nennen.

Paul Heyse

Langes Sehnen, großes Hoffen,
kann nichts schreiben, bin be…nebelt von Dir!

Spruch

Denk ich an Dich, dies ist kein Witz,
dann könnt ich winseln wie ein Spitz.
Wenn ich Dich seh, Du süße Nudel,
dann werd ich närrisch wie ein Pudel.
Dies schreibt in Freundschaft, noch und noch
Dein bester Kumpel – A. R. Schloch.

Spruch

Das Glück ist wie ein Omnibus

Korrekturen am Unglück garantieren nicht die Haltbarkeit von Glück. Eine Glückssträhne ist nicht endlos lang, aber auch das Unglück ist nicht von Dauer. Man muß nur etwas dagegen unternehmen, selbst wenn Fortuna, das launenhafte Mädel mit Starallüren, sich nicht gern von uns herumkommandieren läßt. Die alte Dame Unglück ist da viel beständiger und treuer. Gleichwohl läßt sie sich vertreiben, wenn auch meist nur mit großer Mühe und gewaltigen Anstrengungen. Jeder ist seines Glückes Schmied, solange er sich nur tüchtig gegen alles Ungemach wehrt. Lisa Fitz, die spitzzüngige Kabarettistin, dichtete in Blickrichtung auf die »nichtemanzipierten Angehörigen des weiblichen Geschlechts«:
Wer sich nicht wehrt,
kommt an den Herd!

Das Glück ist wie ein Omnibus,
auf den man lange warten muß.
Und kommt er dann zu guter Letzt,
so ruft der Schaffner laut: »Besetzt!«

Studentenalbum

Willst Du glücklich sein im Leben,
trage bei zu andrer Glück;
denn die Freude, die wir geben,
kehrt ins eigne Herz zurück.

Aus dem 19. Jahrhundert

Nutze Deine jungen Tage,
lerne zeitig, klüger sein.
Auf des Glückes großer Waage
steht die Zunge selten ein.
Du mußt steigen oder sinken,
Du mußt herrschen und gewinnen
oder dienen und verlieren,
leiden oder triumphieren,
Amboß oder Hammer sein!

Johann Wolfgang von Goethe

Das höchste Glück, o Menschenkind,
oh, glaube doch mitnichten,
daß es erfüllte Wünsche sind;
es sind erfüllte Pflichten.

Karl Gerok

Willst Du immer weiter schweifen?
Sieh, das Gute liegt so nah.
Lerne nur das Glück ergreifen;
denn das Glück ist immer da.

Johann Wolfgang von Goethe

Das Glück ist eine leichte Dirne
und weilt nicht gern am selben Ort;
sie streicht das Haar Dir von der Stirne
und küßt Dich rasch und flattert fort.
Frau Unglück hat im Gegenteile
Dich liebefest ans Herz gedrückt;
sie sagt, sie habe keine Eile,
setzt sich zu Dir ans Bett und strickt.

Heinrich Heine

Das Glück, kein Reiter wird's erjagen;
es ist nicht dort, es ist nicht hier:
Lern überwinden, lern entsagen,
und ungeahnt erblüht es Dir.

Theodor Fontane

Brauchst nicht zu erschrecken,
ich will Dich nicht necken,
Widerspruch nicht wecken
mit dem Spruch, dem kecken:
Lieber Dreck am Stecken
als im Drecke stecken.

Spruch

Das Glück gleicht oft dem Schlingel,
der nachts vor Deinem Haus
zum Scherz reißt an der Klingel,
und dann kneift aus.
Wer über solches Treiben
sich ärgert, ist ein Tor.
Du mußt ans Haus nur schreiben:
Hier wohnt Humor!

Um 1900

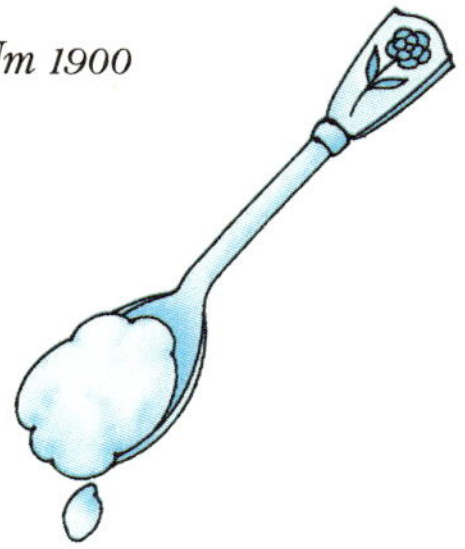

Daß Glück ihm günstig sei,
was hilft's dem Stöffel?
Denn regnet's Brei,
fehlt ihm der Löffel.

Johann Wolfgang von Goethe

In Deinen fröhlichen Tagen
fürchte des Unglücks tückische Nähe!
Nicht an die Güter hänge Dein Herz,
die das Leben vergänglich zieren!
Wer besitzt, der lerne verlieren;
wer im Glück ist, lerne den Schmerz.

Friedrich von Schiller

Allzeit fröhlich ist gefährlich,
allzeit traurig ist beschwerlich,
allzeit glücklich ist betrüglich,
eins ums andre ist vergnüglich.

J. von Radowitz

Sei Amboß bei des Schicksals Schlägen;
sonst magst Du Dich als Hammer regen.

Leopold von Sacher-Masoch

Wenn ein Leid Dich schwer bedrängt,
tritt entgegen ihm mit Waffen;
wenn es Dir den Raum beengt,
suche selbst, Dir Raum zu schaffen!
Zeige Dich zu jeder Zeit
stärker als Dein Herzensjammer,
dien als Amboß nicht dem Leid,
nein, sei Deines Leides Hammer!

Hermann Marggraff

Was auch kommen mag:
Sei ohne Sorgen!
Nach jeder Nacht
kommt ein neuer Morgen.
In jedes Dunkel
kommt mal ein Licht,
das hell und strahlend
durch Wolken bricht.

Volkstümlich

Hab Sonne im Herzen
und Zwiebeln im Bauch,
dann kannst Du gut scherzen,
und Luft hast Du auch.

Parodie

Dulde, gedulde Dich fein!
Über ein Stündlein
ist Deine Kammer voll Sonne.

Paul Heyse

Bist Du heiter,
sag es weiter.
Drückt Dich ein Stein,
trag ihn allein.

Wandspruch

Bemüh Dich nur und sei hübsch froh,
der Ärger kommt schon sowieso.

Wilhelm Busch

Scheint die Sonne noch so schön,
am Ende muß sie untergehn.

Heinrich Heine

Glück kann das Abendläuten,
das Ruhen nach schwerem Tagwerk bedeuten.
Glück läßt sich nicht erjagen, erfragen,
Glück muß man tief im Inneren tragen,
und nicht bei den Sternen, und nicht in den Fernen,
im Alltag mußt das Glück Du finden lernen.

Um 1900

Ob Regen oder Sonnenschein,
ein Glückspilz sollst Du immer sein.

Kinderalbum

Glück ist wie ein Sonnenblick;
niemand kann's erjagen,
niemand von sich sagen,
daß er heut und alle Frist
ohne Wunsch und glücklich ist.
Glück ist wie ein Sonnenblick.
Erst wenn es vergangen,
erst in Leid und Bangen
denkt ein Herz und fühlt es klar,
daß es einmal glücklich war.

Martin Greif

O sage nie: Mein Glück ist hin,
und hin ist Freude, Lieb und Lust!
Hast Du nicht einen jungen Sinn
und junges Leben in der Brust?
Und sollte trüb die Erde sein,
und wär der Himmel ohne Licht:
Die Jugend ist der Sonnenschein,
der durch die Wolken bricht.

Julius Rodenberg

Dem Kühnen lacht das Glück,
oder er bricht das Genick.

Volkstümlich

Ob gut, ob schlecht
das Jahr auch sei:
ein bißchen Frühling
ist immer dabei!

Volkstümlich

Wenn des Glückes Sonnen lächeln,
trage nicht zu stolz Dein Haupt;
denk, daß oft nach Zephyrs Fächeln
Sturm des Schiffes Masten raubt.
Trotzdem wandle grad und feste,
ist Dein Glück entschwunden Dir,
vorwärts mutig durchs Geäste
geht's, durch finsteres Waldrevier.
Hinter jedem schwarzen Walde
liegt, vielleicht noch unbekannt,
eine farbenreiche Halde
und der Freiheit schönes Land.

August Karl Auch

Das Glück ist eine blinde Kuh
und läuft dem dümmsten Ochsen zu.

Sprichwort

Glück – Glück – Glück,
jeden Tag ein Stück,
jeden Tag ein Ei,
jeden Sonntag zwei.

Aus dem Biedermeier

»Dennoch« ist ein schönes Wort,
»dennoch« heißt mein Glaube;
»dennoch« sag ich fort und fort,
ob ich lieg im Staube,
ob ich steh
auf der Höh
in des Glückes Schimmer:
»Dennoch!« sag ich immer.

Claus Harms

Des Lebens Kunst ist leicht zu lernen und zu lehren;
Du mußt vom Schicksal nie zu viel begehren.
Der, welchem ein bescheidenes Los genügt,
hat einen Schatz, der nie versiegt.
Dem Unersättlichen in jeglichem Genuß
wird selbst das Glück zum Überdruß.

Ludwig Bechstein

Zweierlei laß Dir gesagt sein,
willst Du stets in Weisheit wandeln
und von Torheit nie geplagt sein:
Laß das Glück nie Deine Herrin,
nie das Unglück Deine Magd sein.

Friedrich Bodenstedt

Glaube – Liebe – Hoffnung.
Wenn Dich diese drei umschweben,
wirst Du ewig glücklich leben.

Adalbert Müller

Willst Du Dich in dem Glück nicht ausgelassen freun,
im Unglück nicht unmäßig kränken,
so lern so klug wie Eulenspiegel sein:
im Unglück gern ans Glück,
im Glück ans Unglück denken.

Christian Fürchtegott Gellert

Geh mit Dir selbst streng ins Gericht,
und wenn's Dir nicht gelingt, von innen
die Ruh, das Glück Dir zu erringen:
von außen kommt das Glück Dir nicht!

Friedrich Bodenstedt

Nimm, soweit die Kraft Dir reicht,
wär Dein Herz auch am Verbluten,
nimm die bösen Tage leicht,
aber ernst und schwer die guten.
Laß, mein Freund, des Lebens Tage
Dir wie liebe Freunde sein,
denn es holt nicht Wunsch, noch Klage
die verlorenen wieder ein.

Friedrich Halm

Nimm die Zunge wohl in acht,
sprich kein Wort, das unbedacht,
denn ein Wort, zu schnell gesprochen,
hat schon manches Glück zerbrochen.

Volkstümlich

Nimm zwei Pfund Geduld, ein Pfund Zufriedenheit,
eine kleine Prise Weltabgeschiedenheit,
zwei Löffel Mühe, Fleiß und ein Lot Ruh,
dann nach Geschmack noch etwas Scherz dazu,
viel guten Willen, reichlichen Humor,
auch leichten Sinn, doch schmecke der nicht vor.
Prüf dies Rezept auf seine Richtigkeit,
dann reicht es für die ganze Lebenszeit.

Volkstümlich

Man muß das Unglück mit Händen und Füßen
und nicht mit dem Maul angreifen.

Johann Heinrich Pestalozzi

Nie verzag in Deinem Mut;
auf die Ebbe folgt die Flut,
geht's Dir schlecht: Es wird wieder gut!

Daniel Sanders

Lieblich und helle
riesle die Quelle
Deiner Tage dahin.

Aus dem Biedermeier

Fünf Worte nur an Dich:
Sei glücklich, denk an mich!

Stammbuch 1858

Der Vogel singt
und fragt nicht,
wer ihm lauscht.
Die Quelle rinnt
und fragt nicht,
wem sie rauscht.

Die Blume blüht
und fragt nicht,
wer sie pflückt.
O sorge, Freund,
daß gleiches Tun
Dir glückt.

Julius Sturm

Mit dem Klagen, mit dem Zagen,
wie verdirbst Du's allzuoft;
lerne Trübes heiter tragen,
und das Glück kommt unverhofft.

Volkstümlich

Am kürzesten dauern
die süßesten Freuden;
am schnellsten verschwinden
die glücklichen Zeiten.

Carl Gottlob Cramer

Will das Glück nach seinem Sinn
Dir was Gutes schenken,
sage Dank, und nimm es hin
ohne viel Bedenken.
Jede Gabe sei begrüßt,
doch vor allen Dingen:
das, worum Du Dich bemühst,
möge Dir gelingen!

Wilhelm Busch

Des Herzens Wünsche schreib ich ungelogen,
sie sind nicht an den Haaren hergezogen.
Mag sich auch Unglück blicken lassen,
Dich soll es nie am Kragen fassen!

Um 1830

Willst Du in meinem Himmel mit mir leben?
Sooft Du kommst, er soll Dir offen sein!

Friedrich von Schiller

Im Glück erheb Dich nicht,
im Unglück verzage nicht,
denn Gott ist ein Mann,
der Glück und Unglück wenden kann.

Volksmund

Im Glück nicht stolz sein
und im Leid nicht zagen,
das Unvermeidliche
mit Würde tragen.
Das Rechte tun,
am Schönen sich erfreuen,
das Leben lieben
und den Tod nicht scheuen,
und fest an Gott
und bessre Zukunft glauben,
heißt leben, heißt dem Tod
sein Bitteres rauben.

Karl Streckfuß

Fortuna lächelt, doch sie mag
nur ungern voll beglücken.
Schenkt sie uns einen Sommertag,
so schenkt sie uns auch Mücken.

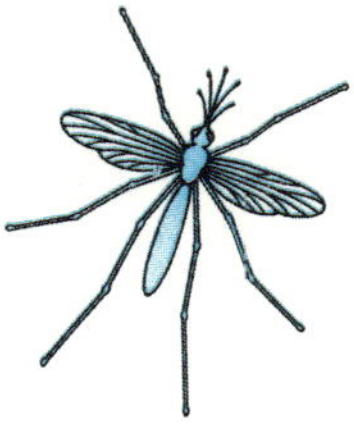

Wilhelm Busch

Der liebe Gott hat es gewollt,
daß die Mück uns stechen sollt.
Es wär zu schön auf dieser Welt,
wenn die Mück im Sommer fehlt.

Volkstümlich

Jeder nach seinem Sinn wählt seiner Freuden Ort:
der Rosenkäfer hier, und der Mistkäfer dort.

Friedrich Rückert

Anfangs willst Du fast verzagen,
und Du denkst, Du trägst es nie;
und Du wirst es doch ertragen,
aber mit zerschundnem Knie.

Parodie (nach Heine)

Bist Du jung und unbetucht,
nimm Dir dies als Vorsatz an:
Wenn das Glück Dich mal besucht,
biet ihm einen Sessel an!

Spruch

Es hilft uns kein Gedeutel,
so nimm es, wie es fällt:
Der eine hat den Beutel,
der andre hat das Geld.
Es läßt sich nichts erklopfen:
Der eine hat den Wein,
der andre hat die Pfropfen.
Man muß zufrieden sein.

Theodor Fontane

Der höchste Schmerz, das höchste Glück,
sie kennen keine Lieder;
doch wenn das Leid gelindert ist,
doch wenn das Glück gemindert ist,
dann klingt es mächtig wieder.

Wilhelm Hasenclever

Zeigt die trübe, dunkle Seite
Dir auch oft das Leben,
ist's vom Bild doch nur der Schatten,
um das Licht zu heben.

Anastasius Grün

Wünsche Dir entflohene Stunden,
helle Freuden nicht zurück;
denn das Glück ist nie entschwunden;
was verschwindet, ist kein Glück.

L. Schnabel

Wir lieben uns ganz fürchterlich

Die Liebe ist eine Himmelsmacht, sie überfällt meist junge Menschen wie aus heiterem Himmel. Dem Wunder Liebe begegnen sie oft unvorbereitet. Was liegt da näher, als den bisher nicht gekannten Gefühlen in Versen Ausdruck zu verleihen? Wohl jeder, ob jung oder alt, hat's mal probiert, und nur eine Minderheit ist so abgebrüht, sich diesem Thema ironisch zu nähern. Wer sich selbst auf die Schippe nehmen kann, hat die schlimmsten Folgen seiner *Krankheit* bereits überstanden. Anderen bleiben die Sehnsucht und die Wehmut im Herzen. Die Liebe ist oft nur ein Trübsalsbrunnen. Wird sie zum Born der Freude, tauchen andere Probleme auf. Kurt Tucholsky, der kritische Geist, wußte von dieser alten Geschichte:
Das ist schwer: ein Leben zu zwein.
Nur eins ist noch schwerer: einsam sein!

Solange das Feuer aufwärts brennt,
solange das Wasser abwärts rennt,
solang der Rebensaft fließt rein,
so lang sollst Du mir die Liebste sein.

Album 1917

Mein Schatz ist kein Engel,
des bin i so froh,
sonst hätt er zwei Flügel
und flög mir dervo.

Schnaderhüpferl aus Österreich

Einen Ehmann mußt Du haben,
und wär er lahm von Gicht,
und wär er schwärzer als die Raben,
als alte Jungfer sterbe nicht!

Volksmund

Es weht auseinander der lose Wind
die Wellen und Wolken und Flammen.
Zwei Herzen, die für einander sind,
die finden sich immer zusammen.

Aus dem 19. Jahrhundert

Nur eine Mutter weiß allein,
was lieben heißt und glücklich sein.

Adelbert von Chamisso

Es ging ein Scheich im Syrerland,
führt ein Kamel am Halfterband.
O möcht solch Scheich, doch kein Barbar,
auch Dich einst führen zum Altar.

Parodie (nach Rückert)

Gehst Du in den Ehestand,
führ den Mann mit zarter Hand.
Allzu starke Frauenpower
macht die Ehemänner sauer.

Spruch

Die Liebe, wenn sie neu,
braust wie ein junger Wein:
Je mehr sie alt und klar,
je stiller wird sie sein.

Angelus Silesius

Wer viel geliebt, wird es erfahren haben:
Liebe ist oft nur ein Wort mit fünf Buchstaben.

Spruch

Ein Hagestolz ist viel allein,
er wird im Alter einsam sein.
Doch lieber sollst Du ledig leben
als Deiner Frau die Hosen geben.

Volksgut

Wenn heimlich sich die Liebe naht,
dann nützt kein Zaun und Stacheldraht.

Volksmund

O zarte Sehnsucht, süßes Hoffen,
der ersten Liebe goldne Zeit!
Das Auge sieht den Himmel offen,
es schwelgt das Herz in Seligkeit.
O daß sie ewig grünen bliebe,
die schöne Zeit der jungen Liebe!

Friedrich von Schiller

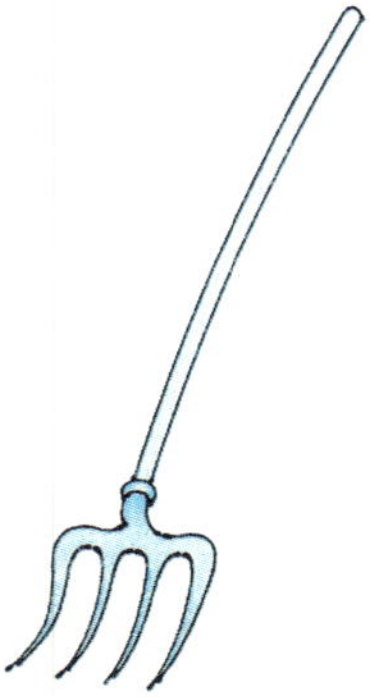

Wer nicht lieben will,
ist wie ein Gabelstiel.

Sprichwort

Eigentlich geht im Prinzip alles;
aber ohne Liebe geht nichts.

Spruch

Ick liebe Dir, ick liebe Dich,
wie's richtig heeßt, det weeß ick nich,
un dennoch bin ick helle.
Ick lieb nich uff den dritten Fall,
ick lieb nich uff den vierten Fall,
ick lieb uff alle Fälle.

Aus Berlin

Ich schnitt es gern in alle Rinden ein,
ich grüb es gern in jeden Kieselstein,
ich möcht es sä'n auf jedes Gartenbeet
mit Kressesamen, der es schnell verrät,
auf jeden weißen Zettel möcht ich's schreiben:
Dein ist mein Herz und soll es ewig bleiben!

Wilhelm Müller

Ich liebe Dich –
ist das nicht lieb?

Spruch

Ich liebe Dich!
Ich könnte Dir ohne Bedenken
eine Speiche aus meinem Rennrad schenken.

Parodie (nach Ringelnatz)

Ich liebe Dich, ich küsse Dich
im Sitzen und im Liegen.
Wenn wir einmal Engel sind,
dann küss' ich Dich im Fliegen.

Spruch

Die meisten Menschen brauchen
mehr Liebe als sie verdienen.

Marie von Ebner-Eschenbach

Das ärmste, kleinste Kümmerlein
verklärt die Liebe mit goldenem Schein;
es reicht keine Kunst an das heran,
was die Liebe tut und die Liebe kann.

Volkstümlich

Die Lieb ist süß wie würziger Rosenduft,
der unsichtbar beseelt die warme Luft
und trunken macht die honigdurst'gen Bienen.
Doch Lieb ist kurz auch wie der Rose Tag,
der schneller endet als der süße Schlag
der Nachtigall, die sie beweint im Grünen.

Wolfgang Menzel

Liebe kann man nicht beschreiben,
Liebe muß man praktisch treiben.

Spruch

Die Blüte braucht Sonne,
um Frucht zu werden.
Der Mensch braucht Liebe,
um Mensch zu werden.

Spruch

Ei, was kümmern uns Sturm und Wind,
wenn wir in Liebe beisammen sind.

Volksmund

Wunderlichstes Buch der Bücher
ist das Buch der Liebe!
Aufmerksam hab ich's gelesen:
wenig Blätter Freuden,
ganze Hefte Leiden!

Johann Wolfgang von Goethe

Die Liebe ist wie Sonnenschein
und gleichet einer Flamme.
Doch Treue muß die Wurzel sein
an solchem Lebensstamme.

Volkstümlich

Liebe bringt Tränen, und das ist gewiß.
Aber die Tränen der Liebe sind süß.

Aus dem 19. Jahrhundert

Wenn alle untreu werden,
so bleib ich Dir doch treu,
daß Dankbarkeit auf Erden
nicht ausgestorben sei.

Novalis

Liebe im Herzen, Treue im Sinn
führen Dich glücklich durchs Leben dahin!

Volksmund

Liebe hört auf keine Lehre,
weiß im Leben nicht ein, noch aus.
Wenn es nicht eben die Liebe wäre,
man sperrte sie ins Irrenhaus.

Friedrich Halm

Nenne mir den weiten Mantel,
drunter alles sich versteckt;
Liebe tut's, die alle Mängel
gern verhüllt und fleißig deckt.

Friedrich von Logau

Was bitter und trüb,
trägt alles die Lieb.

Sprichwort

Gegen Liebe hilft kein Wehren,
wie die Dichter dichten.
Lieb kann höchstes Glück bescheren,
sie kann Dich auch vernichten!

Spruch

Dies ist, o Freund, im Erdental
gewöhnlich so Dein Lebenslauf:
Mit Liebesschmerzen fängst Du an,
mit Rheumatismus hörst Du auf.

Parodie

Auf Flügeln des Gesanges
Herzliebchen, trag ich Dich fort,
fort nach den Fluren des Ganges,
dort weiß ich den schönsten Ort.
Dort wollen wir niedersinken
unter dem Palmenbaum,
und Liebe und Ruhe trinken
und träumen seligen Traum.

Heinrich Heine

Ich bin wie ich bin,
drum nimm mich nur hin!
Willst einen Besseren Du besitzen,
so laß Dir ihn schnitzen!

Nach Johann Wolfgang von Goethe

Wer nicht liebt, spricht Doktor Luther,
junge Mädchen und trinkt Wein,
und das sagt auch meine Mutter,
ist nicht wert, ein Mann zu sein.
Um also ein Mann zu sein:
liebe Mädchen - trinke Wein!

Kommersspruch

Alle Tage ist kein Sonntag,
alle Tag gibt's keinen Wein,
aber Du sollst alle Tage
recht lieb zu mir sein!

Aus Österreich

Keine Zote ist zu derb,
kein Witz zu obszön,
um Gefühle zu töten,
die ehrlich und schön.

Spruch

Heute zählt nur noch der Schein.
Überall nur Heuchelei'n.
Überall nur Triebe,
ich vermisse die Liebe!

Spruch

Auch Monster brauchen Liebe,
das weiß die ganze Welt;
sei nicht gar so abweisend,
falls eines um Dich anhält.

Spruch

O lieb, solang Du lieben kannst.
O lieb, solang Du lieben magst!
Die Stunde kommt, die Stunde kommt,
wo Du an Gräbern stehst und klagst.
Und sorge, daß Dein Herze glüht
und Liebe hegt und Liebe trägt,
solang ihm noch ein andres Herz
in Liebe warm entgegenschlägt.

Ferdinand Freiligrath

O glücklich, wer ein Herz gefunden,
das nur in Liebe denkt und sinnt
und, mit der Liebe treu verbunden,
sein schöneres Leben erst beginnt.
Wo liebend sich zwei Herzen einen,
nur eins zu sein in Freud und Leid,
da muß des Himmels Sonne scheinen
und heiter lächeln jede Zeit.

Hoffmann von Fallersleben

Von allem das Best
ist ein Herz, heiter und fest,
ein gesunder Leib,
ein liebes Weib
und ein kleines Eigen!
Wer das hat, mag sich freuen
und schweigen.

Johannes Trojan

Ich hab ein kleines Hüttchen nur,
steht fest auf einer Wiesenflur
an einem Bach, der Bach ist schön:
Willst Du mit mir ins Hüttchen gehn?

Johann Wilhelm Ludwig Gleim

Vater werden ist nicht schwer,
Vater sein dagegen sehr.

Wilhelm Busch

Hier ist mein Gedicht,
mehr braucht es nicht:
Ich liebe Dich,
und Du liebst mich.

Spruch

Grün ist der Klee,
das Herz tut mir weh,
das Herz wird mir eng,
wenn ich an Dich denk.

Kinderalbum

Biri-biri-bump,
der Kaiser ist ein Lump,
der König ist ein Dieb,
aber Du bist mir lieb.

Kindervers

Ich möcht Dich küssen auf den Mund,
denn küssen ist so urgesund.
Der Kuß ist das Zusammenbauzen
zweier verliebter Menschenschnauzen.
Die Blicke werden tief und tiefer,
es nähern sich die Unterkiefer,
dann pflegt man mit geschlossenen Augen
sich aneinander festzusaugen,
wobei meist ein Geräusch entsteht
als wenn die Kuh durch Matsche geht.

Spruch

Wir sitzen auf der gleichen Bank
und lernen dieselben Sachen;
drum wollen wir uns lieben ein Leben lang
und Freude einander machen.

Sammlung 1893

Liebe Astrid, denk an mich.
Ewig, ewig lieb ich Dich.
Wenn ich einst gestorben bin,
geh zu meinem Grabe hin,
schreibe an des Friedhofs Tür:
»Meine Freundin ruhet hier!«
Schreib mit Schönschrift in den Sand:
»Diese hab ich auch gekannt.«

Schüleralbum

Liebe Anke, sei so schlau,
werde niemals Ehefrau!
Vor der Ehe kriegst Du Rosen,
in der Ehe flickst Du Hosen.

Kinderalbum

Freund, der Tauber girrt,
sieh, der Tauber schwirrt
um sein liebes Täubchen:
Nimm auch Du ein Weibchen,
wie's der Tauber tut,
und sei wohlgemut!

Ludwig Christoph Heinrich Hölty

Verlaß Dich auf mich:
Ich liebe Dich!
Verläßt Du mich,
so weine ich.

Album 1893

Lieber Freund, ich warne Dich:
Schön ist Liebe zwar an sich,
doch das Banalste vom Banalen
ist ein Mann in Liebesqualen.

Spruch

Wenn's Dir in Kopf und Herzen schwirrt,
was willst Du Bessres haben!
Wer nicht mehr liebt und nicht mehr irrt,
der lasse sich begraben.

Johann Wolfgang von Goethe

Ehre die Frauen! Sie weben und flechten
sich falsche Zöpfe zwischen die echten.

Parodie (nach Schiller)

Ach, wie schön, wenn so zwei Menschen walten,
miteinander leben und veralten;
Jugend, unverloren, wird umschweben
die Genossen, die zusammen leben.

Jean Paul

Zwei Tauben am Dach,
die lieb ich so sehr,
und Dich, liebe Svenja,
Dich lieb ich noch mehr.

Volksgut

Die Kirschen sind zeitig,
die Kirschen sind gut,
und wenn ich Dich sehe,
bin ich wohlgemut.

Kinderalbum

Ich hab Dich so gern;
und ziehst Du in die Fern,
so mögen wir uns trotzdem leiden,
auch wenn auf immer getrennt wir bleiben.

Um 1890

Denk an das Aug, das überwacht
noch eine Freude Dir bereitet,
denk an die Hand, die manche Nacht
Dein Schmerzenslager Dir gebreitet;
des Herzens denk, das einzig wund
und einzig selig Deinetwegen,
und dann knie nieder auf den Grund
und fleh um Deiner Mutter Segen!

Annette von Droste-Hülshoff

Diese Welt ist doch die beste

Wir schinden täglich unsere Erde, als hätten wir noch eine zweite auf Vorrat im Kofferraum unseres Autos. Auch in der Vergangenheit wurde der Globus geplündert. Die für den Schiffbau im Altertum abgeholzten Laubwälder rings um das Mittelmeer sind bis heute nicht wieder nachgewachsen. Zahlreiche Tierarten wurden ausgerottet, um menschlichen Bedarf oder auch nur die Besitzgier zu befriedigen. Aber die systematische Umweltzerstörung begann in diesem Jahrhundert, und erst in allerjüngster Zeit gibt es gesprühte Sprüche an Häuserwänden und Fabrikmauern, die uns zur Umkehr mahnen.
Erich Kästner, der Meister der Gebrauchslyrik, sagte es uns schon vor Jahren:
Es gibt nichts Gutes.
Außer: man tut es!

Wer sich an andre hält,
dem wankt die Welt.
Wer auf sich selber ruht,
steht gut.

Paul Heyse

Bei all Deinen Sorgen
merke Dir eins:
Besser Du lebst fünf vor zwölf
als eins nach keins.

Spruch

Wir schlagen der Erde tiefe Wunden
und trampeln achtlos auf ihr herum.
Die Erde ist unsere nährende Mutter,
und seine Mutter bringt man nicht um.

Spruch

Weite Welt und breites Leben,
langer Jahre redlich streben,
stets geforscht und stets gegründet,
nie geschlossen, oft geründet,
ältestes bewahrt mit Treue,
freundlich aufgefaßt das Neue,
heitrer Sinn und reine Zwecke:
Nun, man kommt wohl eine Strecke!

Johann Wolfgang von Goethe

Wie geht es in der Welt?

o, b
s a
l
d d
l
a s
B o.
Bald hier, bald do!
f, b
u e
a r
g
r g
e a
B b.
Zuletzt
ins
Grab.

Viktor Blüthgen

W - E - L - T,
wie wirst Du angefangen?
Ach, Dein Anfang ist ein W (Weh).
Wenn zum Ende wird gegangen,
findet sich ein hartes T (Tod).
Und noch eh sie wird beschritten,
kommen E -lend, L -eiden in der Mitten.

Stammbuch 19. Jahrhundert

Wenn Du das große Spiel der Welt gesehen,
so kehrst Du reicher in Dich selbst zurück;
denn wer den Sinn aufs Ganze hält gerichtet,
dem ist der Streit in seiner Brust geschlichtet.

Friedrich von Schiller

Du mußt es nicht den Menschen klagen,
wenn Dir vor Schmerz das Herz zerreißt,
denn in unseren wunderbaren Tagen
weiß man ja kaum, was Mitleid heißt.
Und bringt der Kummer Dich zum Weinen,
und drückt Dich nieder schwere Pein,
dann mußt Du immer heiter scheinen
und weinen nur für Dich allein.

Um 1900

Willst Du das Leben recht verstehn,
mußt Du's nicht nur von vorn besehn.
Von vorn betrachtet sieht ein Haus
meist besser als von hinten aus.

Wilhelm Busch

Wissen heißt, die Welt verstehen;
Wissen lehrt verrauschter Zeiten
und der Stunde, die da flattert,
wunderliche Zeichen deuten.
Und da sich die neuen Tage
aus dem Schutt der alten bauen,
kann ein ungetrübtes Auge
rückwärts blickend vorwärts schauen.

Friedrich Wilhelm Weber

Es reden und träumen die Menschen viel
von bessern künftigen Tagen;
nach einem glücklichen, goldenen Ziel
sieht man sie rennen und jagen.
Die Welt wird alt und wird wieder jung,
doch der Mensch hofft immer Verbesserung.

Friedrich von Schiller

Bleibe nicht am Boden heften!
Frisch gewagt und frisch hinaus.
Kopf und Arm mit heitern Kräften,
überall sind sie zuhaus.
Wo wir uns der Sonne freuen,
sind wir jede Sorge los;
daß wir uns in ihr zerstreuen,
darum ist die Welt so groß.

Johann Wolfgang von Goethe

Allen Kleinmut eingestellt,
zweifle nicht an bessrer Welt!
Alle Trägheit eingestellt,
wirke für die bessre Welt!
Alle Selbstsucht eingestellt,
sterbe für die bessre Welt.

Johann Georg Hamann

Die Welt ist ein Schauplatz.
Du kommst, siehst, gehst vorüber.

Matthias Claudius

Die Welt ist ein Theaterspiel,
jedoch die Rollen taugen nicht viel.

Spruch

Die Welt ist ein Sardellensalat;
er schmeckt uns früh, er schmeckt uns spat.

Johann Wolfgang von Goethe

Die Welt ist eine große Seele,
und jede Seele eine Welt;
das Auge ist der lichte Spiegel,
der beider Bild vereinigt hält.
Und wie sich Dir in jedem Auge
Dein eignes Bild entgegenstellt,
so sucht auch jeder seine Seele,
sein eignes Ich nur in der Welt.

Emil Rittershaus

Der Sturm sprach einst:
Ich kenne die Welt;
denn ich zerpflücke sie!
Da sprach der Reif:
Ich kenne sie näher,
denn ich erdrücke sie!
Die Sonne lachte:
Ich kenne sie besser,
denn ich beglücke sie!

Carmen Sylva

Die Welt ist nicht aus Brei und Mus geschaffen,
deswegen haltet euch nicht wie Schlaraffen:
Harte Bissen gibt es zu kauen;
wir müssen erwürgen oder verdauen.

Johann Wolfgang von Goethe

Die Welt ist vollkommen überall,
wo der Mensch nicht hinkommt mit seiner Qual.

Friedrich von Schiller

Diese Welt ist doch die beste,
und sie lebt sich ziemlich gut
mit Gesundheit, Geld und Tugend
und ein bißchen Übermut.

Eduard von Bauernfeld

Klein ist die Erde
im Sternenwind.
Groß ist der Himmel.
Du bist sein Kind.

Volkstümlich

Der Himmel ist blau,
und grün ist die Au,
und die Welt ist so rund,
dran schau Dich gesund!

Karl Schimper

Es gibt viele Dinge in der Welt,
die man von fern für reizend hält!
Wenn sie aber uns näherkommen,
sind alle die holden Farben verglommen,
und betrachtet man sie genau,
so sehn sie schwarz aus, zumindest grau.

A. Gebauer

Es gibt so viele Dinge
auf unserm Erdenrund,
davon sind manche traurig,
doch andre schön und bunt.
Du mußt sie nur erspähen,
die Dinge, bunt und rund.
Die traurigen laß liegen –
sonst kommst Du auf den Hund!

Spruch

In der Welt fährst Du am besten,
sprichst Du stolz mit stolzen Gästen,
mit bescheidenen bescheiden,
aber wahr und klar mit beiden.

Anastasius Grün

Gehorchst Du stur der Obrigkeit,
bekommst Du keine Beulen;
es gibt auch ohne Tränengas
bestimmt genug zum Heulen.

Spruch

So ist's nun mal auf dieser Welt,
und ich find's gar nicht gut:
Die kleinen Diebe hängt man,
vor den großen zieht man den Hut.

Spruch

Wer möchte diesen Erdenball
noch fernerhin betreten,
wenn wir Bewohner überall
die Wahrheit sagen täten?
Da lob ich mir die Höflichkeit,
das zierliche Betrügen:
Du weißt Bescheid, ich weiß Bescheid,
und allen macht's Vergnügen.

Wilhelm Busch

Was kann die Welt Dir wohl gewähren?
Entbehren sollst Du, sollst entbehren.
Das ist der ewig Gesang,
der jedem an die Ohren klingt,
den, unser ganzes Leben lang,
uns heiser jede Stunde singt.

Johann Wolfgang von Goethe

Frieden im Gemüte,
das Leben sonnig erhellt:
Wahre Herzensgüte
überwindet die Welt.

 Victor von Scheffel

Lebe von der Welt geschieden,
und Du lebst mit ihr in Frieden.
Willst Du Dich mit ihr befassen,
höre, was Dir widerfährt:
Du mußt lieben oder hassen;
keines ist der Mühe wert.

Friedrich Rückert

Kinderland, du Zauberland,
Haus und Hof und Hecken.
Hinter blauer Wälderwand
spielt die Welt Verstecken.

Detlev von Liliencron

Ich wünsche jedem, der sich tapfer stellt,
zum Kampf mit aller Unbill dieser Welt,
ein trautes Plätzchen, wo er dann und wann
die ganze Welt – vergessen kann.

Volkstümlich

Ach, nirgends scheint doch unsers Herrgotts Sonne
so schön wie da, wo sie zum ersten Mal uns schien.

Christoph Martin Wieland

Die Freuden, die in der Heimat wohnen,
die suchst Du vergebens in fernen Zonen.

August Mahlmann

Wohl oft fand ich, was Aug und Herz ergötzte,
doch nie, was meine Heimat mir ersetzte.

Friedrich Bodenstedt

Das ist's, warum's sich leben läßt
trotz alledem auf dieser Erden:
Die ganze Welt ist nur ein Nest,
doch jedes Nest kann eine Welt Dir werden.

Paul Heyse

Wie fruchtbar ist der kleinste Kreis,
wenn man ihn wohl zu pflegen weiß.

Johann Wolfgang von Goethe

Wer sich behaglich fühlt zu Haus,
der rennt nicht in die Welt hinaus.

Friedrich Rückert

Grauer Himmel - trübe Tage!
Keine Lust und keine Plage,
weder Sturm, noch Sonnenglanz;
grauer Stunden dunkler Kranz.
Manchmal muß es doch gewittern!
Manchmal muß das Herz erzittern,
muß in Leid und Freud erbeben;
wie so öd wär sonst das Leben!

Heinrich Seidel

Der Mensch braucht ein Plätzchen, und wär's noch so klein,
von dem er kann sagen: Sieh her, das ist mein!
Hier leb ich, hier lieb ich, hier ruhe ich aus.
Hier ist meine Heimat. Hier bin ich zu Haus.

Aus dem 19. Jahrhundert

Ans Vaterland, ans teure, schließ Dich an,
das halte fest mit Deinem ganzen Herzen,
hier sind die starken Wurzeln Deiner Kraft.

Friedrich von Schiller

Wähnen, glauben, fürchten, lieben,
sich erfreuen und betrüben,
bald sich wagen, bald besinnen,
oft verlieren, oft gewinnen,
sich vertiefen, sich erheben,
zwischen Furcht und Hoffnung schweben,
Traum mit Wirklichkeit verweben,
doch, wo möglich, vorwärts streben:
das ist eben – Menschenleben!

H. G. Nägeli

Stoß an! Ein Hoch dem Deutschen Reich,
an Kühnheit reich, dem Adler gleich,
mög's täglich neu sich stärken.
Doch Gott behüt's vor Klassenhaß
und Rassenhaß und Massenhaß
und derlei Teufelswerken.

Victor von Scheffel

Deutschland hat die Eigenart,
innen bitter, außen hart.

Spruch

Schaue nicht dem Himmel zu;
auf der Erde steht der Schuh.

Aus dem Jahre 1678

Es gibt kein Bier im Himmelreich,
drum trinke es auf Erden gleich.

Spruch

Hinter einem Eisengitter
schmeckt auch süßer Honig bitter.

Spruch

Ein Kerker ist die Erde
für den, der nie sich freut;
zum Paradiese werde
sie uns durch Fröhlichkeit!

August F. E. Langbein

Alles in der Welt läßt sich ertragen,
nur nicht eine Reihe von schönen Tagen.

 Johann Wolfgang von Goethe

Ein Blütenkranz ist unser Leben

Der Lenz ist das Symbol für Jugend und Entfaltung, und der Mai mit seinen linden Nächten ist der Monat der Verliebten. Das sanfte Veilchen duftet schon im März. Ihm folgen Tulpen und Narzissen im April. Das blaue Vergißmeinnicht blüht im Mai, und der Vorsommer bringt uns Nelken und Rosen. Kein Wunder, daß Blumen und Blütenkränze in Alben und Stammbüchern einen gewichtigen Platz beanspruchen. Sie blühen und welken, die Nelken und Rosen, wie Freundschaft und Liebe. Außerdem sind an den als stolz bezeichneten Rosen ein paar Haken: ihre Stacheln! Da ist sich sogar der kauzige Verseschmied Eugen Roth nicht zu schade, in althergebrachter Weise zu spotten:

Ein Mensch bedenkt mit bittrem Zorn,
daß keine Rose ohne Dorn.
Doch muß ihn noch viel mehr erbosen,
daß sehr viel Dornen ohne Rosen.

Geh fröhlich hin durchs blumenreiche Leben
und pflücke manche Blume Dir.
Nicht nur für bittren Gram hat Gott
das Leben uns gegeben,
nein, auch für Freuden sind wir hier.

Album 1940

Unter Blumen soll Dein Leben
fließen wie ein sanfter Bach,
und das größte Glück auf Erden
wünsche ich Dir jeden Tag.

Aus dem 19. Jahrhundert

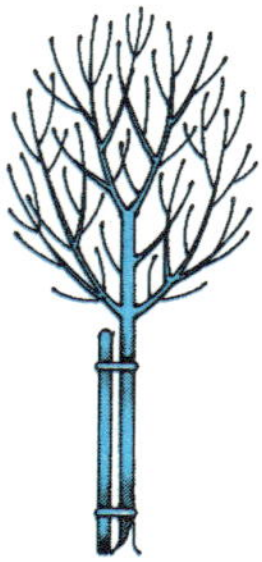

Pflanz einen Baum;
und kannst Du auch nicht ahnen,
wer einst in seinem Schatten tanzt,
bedenke, Freund: Es haben unsere Ahnen,
ehe sie Dich kannten, auch für Dich gepflanzt.

Aus dem 19. Jahrhundert

Ein bißchen mehr Friede und weniger Streit.
Ein bißchen mehr Güte und weniger Neid.
Ein bißchen mehr Wir und weniger Ich.
Ein bißchen mehr Kraft, nicht so zimperlich.
Und viel mehr Blumen während des Lebens,
denn auf den Gräbern blühn sie vergebens.

Peter Rosegger

Vom Himmel kam geflogen eine Taube,
sie brachte ein Kleeblatt mit dreifachem Laube.
Sie ließ es fallen; glücklich, wer es findet.
Drei Blättchen sind es:
Hoffnung – Liebe – Glaube!

Friedrich Rückert

Ich lag im Garten und schlief.
Da kam ein Engel und rief:
Annemarie, du sollst erwachen
und sollst der Sylvia ein Sträußchen machen.

Kinderalbum

Ich wollt ein Sträußlein binden,
da kam die dunkle Nacht.
Kein Blümlein war zu finden.
Sonst hätt ich's Dir gebracht.

Kinderalbum

Schönste Blume Männertreu,
wo bist du zu finden?
Nicht auf Bergen, nicht auf Höh'n,
nicht in Tales Gründen.
Suchst Du sie? O kehr zurück,
bleib an Deinem Herde,
denn die Blume Männertreu
blüht nicht auf dieser Erde.

Aus dem 19. Jahrhundert

Dein Herz ist auch ein Acker;
der Ackermann bist Du.
Pfleg ihn und pflüg ihn wacker.
Den Segen gibt Gott dazu.

Friedrich Güll

O ringe nicht nach eitlen Kränzen;
zu oft sind sie des Zufalls Spiel!
Nein, still zu schaffen, nicht zu glänzen,
sei Deines Wirkens edles Ziel!

Friedrich Wilhelm Gotter

Nie kampflos wird Dir ganz
das Schöne im Leben geglückt sein,
selbst Diamantenglanz
will seiner Hülle entrückt sein,
und windest Du einen Kranz:
Jede Blume dazu will gepflückt sein!

Friedrich Bodenstedt

Wenn die Schwalben heimwärts ziehen,
und die Rosen nicht mehr blühen,
wenn der Nachtigall Gesang
mit der Nachtigall verklang,
fragt das Herz in bangem Schmerz:
Ob ich Dich auch wiederseh?
Scheiden, ach, Scheiden tut weh!

Carl Herloßsohn

Das Leben flieht!
Bedenke Dich nicht lange,
wenn eine Blume Dir entgegenblüht;
in wenig Tagen welkt sie bange.

Adelheid von Stolterfoth

Ohne Blumen, ohne Träume,
ohne schöne Purzelbäume,
ohne Wurst und ohne Speck
hat das Leben keinen Zweck.

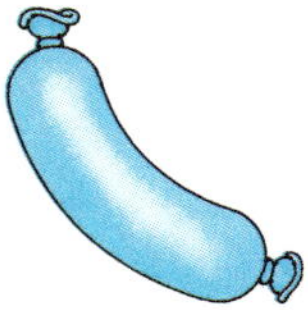

Kinderalbum

Du sollst stets blühen und gedeihn.
Du bist für mich die schönste Blume
an meines Herzens Heiligtume.
Darum möcht ich Dein treuer Gärtner sein.

Aus dem 19. Jahrhundert

Wie die Ros' in Deinem Haare,
Mädchen, bist Du bald verblüht;
schönes Mädchen, o bewahre
vor dem Welken Dein Gemüt!

Nikolaus Lenau

Blumen sind an jedem Weg zu finden,
doch nicht jeder weiß den Kranz zu winden.

Anastasius Grün

Alle Blumen möcht ich binden,
Lisa, Dir in einen Strauß,
und mit Kränzen Dich umwinden,
daß Du lachend schaust heraus.
Alles Gute möcht ich wünschen,
meine liebe Lisa, Dir,
und zuletzt noch freundlich bitten:
denk an Deine Freundin hier.

Um 1900

Wär ich eine Gärtnerin,
pflanzt ich Dir ein Veilchen hin.
Wär ich eine Dichterin,
schrieb ich Dir ein Verschen hin.
Weil ich keins von beiden bin,
schreib ich meinen Namen hin:
Angelika Freudenschuß

Um 1900

Das Veilchen braucht den Sonnenschein,
dann treibt es neue Triebe.
Dir wünsche ich zum Glücklichsein:
Liebe!

Volkstümlich

Wie das Veilchen sei bescheiden,
wie der Frühling reich an Freuden.

Aus dem 19. Jahrhundert

Es blüht ein schönes Blümchen
auf unserer grünen Au,
sein Aug ist wie der Himmel,
so heiter und so blau.
Es weiß nicht viel zu reden,
und alles, was es spricht,
ist immer nur das eine,
ist nur: Vergiß mein nicht!

Hoffmann von Fallersleben

Auf dem Berge Wurronatzig
schönes Blum gewachsen hat sich,
weiß und blau von Angesicht,
und es heißt: Vergißmeinnicht!

Aus Ostpreußen

So wie diese Rose blüht,
so blühe Dir stets Dein Glück,
und wenn Du dieses Blättchen liest,
so denke an mich zurück.

Album 19. Jahrhundert

Jede Kleinigkeit
reift durch die Zeit;
Mädchen reifen auch:
Was ein Pflänzchen war,
ist schon übers Jahr
Bäumchen oder Strauch.

Um 1900

Sei wie das Veilchen im Moose
bescheiden, sittsam und rein;
nicht wie die stolze Rose,
die immer bewundert will sein.

Album-Klassiker

Veilchen und Vergißmeinnicht
sind des Himmels Gaben:
Tanja hat sie abgepflückt,
Sibylle soll sie haben!

Kinderalbum

Es sollen blaue Blümchen licht
in Deinem Garten sein.
Sie bitten Dich: Vergiß mein nicht,
denn ich gedenke Dein.

Volkstümlich

Ein kleines blaues Blümchen spricht:
Vergiß mich, liebe Freundin, nicht.
Sind wir beide auch noch klein,
die Freundschaft soll doch ewig sein.

Album 1917

Liebe Konstanze, kein langes Gedicht.
Nur diese drei Worte: Vergiß mein nicht!

Kinderalbum

Unter Buchen, unter Linden
wirst Du einst ein Blümlein finden,
welches leise zu Dir spricht:
Erika! Vergiß mein nicht.

Volkstümlich

Ins Freundschaftsgärtchen hier
pflanz ich auf weiß Papier
ein Blümlein – schönres gibt es nicht –
es wird genannt Vergißmeinnicht.

Kinderalbum

Im Herzen tief innen ist alles daheim,
der Freude Saaten, der Schmerzen Keim.
Drum frisch sei Dein Herz und lebendig Dein Sinn,
dann brausen die Stürme daher und dahin.
Du aber bist allzeit zu singen bereit:
Noch ist die blühende, goldene Zeit,
noch sind die Tage der Rosen!

Otto Roquette

Flüchtig verrinnen die Jahre!
Schnell von der Wiege zur Bahre
trägt uns der Fittich der Zeit:
Noch sind die Tage der Rosen,
schmeichelnde Lüfte umkosen
Busen und Wangen uns heut.
Brüder, genießt die Zeit!

August Mahlmann

Rosen auf den Weg gestreut,
und des Harms vergessen!
Eine kurze Spanne Zeit
wurd uns zugemessen.
Heute hüpft im Frühlingstanz
noch der frohe Knabe;
morgen weht der Totenkranz
schon auf seinem Grabe.

Ludwig Christoph Heinrich Hölty

Der Rose süßer Duft genügt,
man braucht sie nicht zu brechen;
und wer sich mit dem Duft begnügt,
den wird ihr Dorn nicht stechen.

Friedrich Bodenstedt

Das ist im Leben häßlich eingerichtet,
daß bei den Rosen gleich die Dornen stehn,
und was das arme Herz auch sehnt und dichtet,
zum Schlusse kommt das Voneinandergehn.
In Deinen Augen hab ich einst gelesen,
es blitzte drin von Lieb und Glück ein Schein:
Behüt Dich Gott! Es wär so schön gewesen,
behüt Dich Gott, es hat nicht sollen sein!

Victor von Scheffel

Über Rosen läßt sich dichten,
in die Äpfel mußt Du beißen.

 Johann Wolfgang von Goethe

Von allen Blumen auf der Flur
ist eine unvergänglich nur;
die andern deckt zur Wintersruh
der Schnee mit weißem Schleier zu.
Die eine, wenn es friert und schneit
wohl in der langen Winterszeit,
klopft sanft an unser Herz und spricht:
»Macht auf! Ich bin's: Vergißmeinnicht!«
Und wo ein Herz in Liebe glüht,
wo wahre Freundschaft ist erblüht,
wo man der Treue Kränze flicht,
blüht unverwelkt Vergißmeinnicht!

Album 1907

Wenn die Rosen blühen,
hoffe, liebes Herz.
Still und kühl verglühen
wird dann heißer Schmerz.
Was den Winter über
oft unheilbar schien:
es entweicht das Fieber,
wenn die Rosen blühn!

Aus dem 19. Jahrhundert

Der beste Mensch wird manchmal zornig,
kein Liebespaar kann immer kosen.
Die schönsten Rosen selbst sind dornig,
doch schlimm sind Dornen ohne Rosen.

Friedrich Bodenstedt

Freu Dich des Lebens,
weil noch das Lämpchen glüht;
pflücke die Rose,
eh' sie verblüht!
So mancher schafft sich Sorg und Müh,
sucht Dornen auf und findet sie
und läßt das Veilchen unbemerkt,
das ihm am Wege blüht.
Drum freu Dich des Lebens,
weil noch das Lämpchen glüht;
pflücke die Rose,
eh' sie verblüht!

Martin Usteri

Kein Sternlein blinkt im Walde.
Weiß weder Weg noch Ort:
Die Blumen an der Halde,
die Blumen in dem Walde,
die blühn im Dunkeln fort.

Theodor Storm

Dein Album ist ein Blumengarten,
drin blühen Blumen aller Arten.
Ich stell in diesem Blumenflor
im Herzen mir das Unkraut vor.
Doch wenn die Rosen welkend fallen,
gedenk des Unkrauts dann vor allem,
denn meine Liebe nie erstirbt,
weil ja das Unkraut nicht verdirbt.

Volkstümlich

Rote Rosen stehn im Garten,
tragen schönes grünes Laub.
Deiner will ich immer warten,
bis ich werde einst zu Staub.

Aus dem 19. Jahrhundert

Du blühst wie eine Rose
und duftest wie die Herbstzeitlose.
Riech ich Dein Aroma,
fall ich gleich ins Koma.

Spruch

Wandle auf Rosen lange Zeit,
bis an das Ufer der Herrlichkeit.
Dort stehen Engel mit Sternenkronen,
die werden Dir Liebe und Treue belohnen.

Aus dem 19. Jahrhundert

Hold wie die Morgenröte
im jungen Lenz erwacht
und auf dem Blumenbeete
die sanfte Rose lacht.
So wandle Du im Segen
und immer heitern Sinn
auf blumenreichen Wegen
Dein schönes Leben hin.

Album 1858

Leb überhaupt und nur im großen,
so wirst Du wohl dabei bestehn,
und auf die hundert Blätter Rosen
nicht frag, wie viele Dornen gehn.

Ch. Wurm

Auf einsamer Mauer wächst trauriges Moos.
Ich wünsche Dir, Manuela, ein glücklicheres Los.
Wenn Rosen verblühen, der Diamant bricht,
bricht unsere Freundschaft in Ewigkeit nicht.

Aus dem Biedermeier

Auch die Freundschaft windet Kränze,
nicht aus Rosen, nein, aus Immergrün.
Denn die Rosen blühen nur im Lenze,
unsere Freundschaft, die soll ewig blühn.

Aus dem 19. Jahrhundert

Dein Herz ist wie ein Fliederstrauch:
Im Herbst muß er verbleichen;
doch schmückt ihn bald der Frühlingshauch
mit neuen Blüten und Zweigen.
So denke, wenn Dich trifft ein Leid,
es ist ein herbstlich Grauen,
und schöner wird nach kurzer Zeit
Dein Aug den Frühling schauen.

Adolph Menk

Nicht wie Rosen, nicht wie Nelken,
die heut blühn und morgen welken,
sondern wie das Immergrün,
so soll unsre Freundschaft blühn.

Studentenalbum

Rosen, Tulpen, Nelken,
alle diese Blumen welken.
Marmor zerbricht,
aber unsere Freundschaft nicht.

Album-Klassiker

Rosen, Tulpen, Nelken,
alle unsere Blümlein welken;
drum tu was für den Umweltschutz,
sonst bist Du zu gar nichts nutz.

Spruch

Tulpen, Nelken, Rosen,
mach nicht in die Hosen.
Du mußt Deine Ängste dämpfen
und um Deine Rechte kämpfen.

Spruch

Durch wiederholte Streiche
fällt auch die größte Eiche.

Sprichwort

Die Rosen und die Nelken,
und Flieder und Jasmin,
die müssen wohl verwelken
und müssen wohl dahin.
Die Lieb ist Gab und Güte,
die Lieb ist keine Pflicht,
die Lieb ist eine Blüte,
sie blüht und bleibt wohl nicht.
Doch Rosen und der Flieder,
und Nelken und Jasmin,
die kommen alle wieder
und werden wieder blühn.

Otto Friedrich Gruppe

Wohl unter Schnee und Eis
blüht Dir ein Edelweiß.
Schön ist der Herzensgruß,
den ich Dir senden muß.

Aus den Bergen

Was ist die schönste Blüte
der blumenreichen Welt?
Ein kindliches Gemüte,
ein Herz, das Gott gefällt.

Album 1917

Was Schlimmeres weiß ich nicht zu sagen,
als blühen und nicht Früchte tragen.

Ernst von Feuchtersleben

Arbeit macht das Leben süß

Wer auf unser deutsches Literaturerbe schwört, der findet – von Martin Luther bis zum Beginn unseres Jahrhunderts – nur Lobendes über die Arbeit und über die Pflichterfüllung. Erst mit Wilhelm Busch beginnt das Lob des Lasters und der Faulheit, gipfelnd in der gegenwärtigen Arbeitsverweigerung der Aussteiger und Spontis. Wie macht man's recht? Soll man die Hände in den Schoß legen und den lieben Gott einen guten Mann sein lassen? Oder soll man sich mühen und plagen; gar den Schweiß von der Stirn rinnen lassen, bis man eines Tages kaputtgeschuftet in die Grube fällt?
Heinz Erhardt, unser Zeitzeuge, fand – wenn nicht alles täuscht – den salomonischen Spruch:
Die Arbeit ist oft unbequem,
die Faulheit ist es nicht, trotzdem:
Der kleinste Ehrgeiz, hat man ihn,
ist stets der Faulheit vorzuziehn!

Adam hat es der Eva geklagt:
»Wir Menschen sind doch schrecklich geplagt!«
»Eine alte Geschichte!« hat Eva gesagt.

Daniel Sanders

Der Bürokrat tut seine Pflicht
von 8 bis 2, mehr tut er nicht.

Studentenalbum

Müde und satt –
wie schön is datt!

Spruch

Der Sonntag ist ein Ruhetag,
drauf folgt der blaue Montag,
der Dienstag ein Nichtstuetag,
der Mittwoch dann ist Lohntag:
Wär so es in der Welt bestellt,
wär's so, wie's Dir und mir gefällt.

Daniel Sanders

Es blühen Geist und Phantasie,
jedoch das Fleisch bleibt schwach.
In uns allen schlummert ein Genie,
nur wird das Biest nicht wach!

Spruch

Nicht vor der Zeit schon sollst Du aufgeben;
Du schuldest Deinen Träumen noch das Leben.

Spruch

Genieße froh die Tage,
des Augenblickes Gunst:
Richtig dosierte Faulheit
ist ein Stück Lebenskunst.

Spruch

Wenn der Mensch sich etwas vornimmt,
so ist ihm mehr möglich als man glaubt.

Johann Heinrich Pestalozzi

Was Du gelernt in jungen Tagen,
wird Dir im Alter Früchte tragen.

Sprichwort

Der Mensch ist zur Arbeit geboren
wie der Vogel zum Fliegen.

Martin Luther

Ein jeder kehre vor seiner Tür,
und rein ist jedes Stadtquartier.

Johann Wolfgang von Goethe

Arbeit macht das Leben süß,
macht es nie zur Last,
der nur hat Bekümmernis,
der die Arbeit haßt.

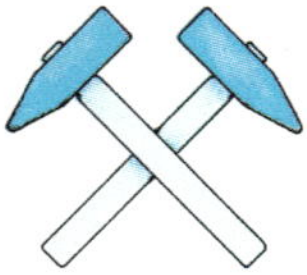

Gottlob Wilhelm Burmann

Arbeit macht den Lebenslauf
noch einmal so munter;
froher geht die Sonne auf,
froher geht sie unter.

Gottlob Wilhelm Burmann

Gebrauche Deine Kraft,
man lebt nur, wenn man schafft.

Ernst von Feuchtersleben

Heike, dieser Spruch ist alt:
Was Du tust, das tue bald.

Volkstümlich

Wer sich des Brotes freuen will,
muß guten Teig sich kneten;
wer sich des Gartens freuen will,
der muß das Unkraut jäten.
Wer sich des Lebens freuen will,
muß arbeiten und beten.

Robert Reinick

Arbeit ist des Blutes Balsam,
Arbeit ist der Tugend Quelle.

Johann Gottfried von Herder

Ohne Fleiß
kein Preis.

Sprichwort

Wer lustigen Mut zur Arbeit trägt
und rasch die Arme stets bewegt,
sich durch die Welt noch immer schlägt.
Der Träge sitzt, weiß nicht, wo aus,
und über ihn stürzt ein das Haus.
Mit frohen Segeln munter
fährt der Frohe das Leben hinunter.

Ludwig Tieck

All Labsal, was uns hier beschieden,
fällt nur in Kampf und Streit uns zu;
nur in der Arbeit wohnt der Frieden,
und in der Mühe wohnt die Ruh.

Theodor Fontane

Wer die Arbeit kennt und tut sie nicht,
der bleibt fürwahr ein armer Wicht.

Volkstümlich

Du mußt! Dies Wort sei Dir genug;
ein Zauberwort, das Dich im Flug
zur Tat emporrafft ohne Sinnen –
denn was Du mußt, mußt Du beginnen!

Hermann Kletke

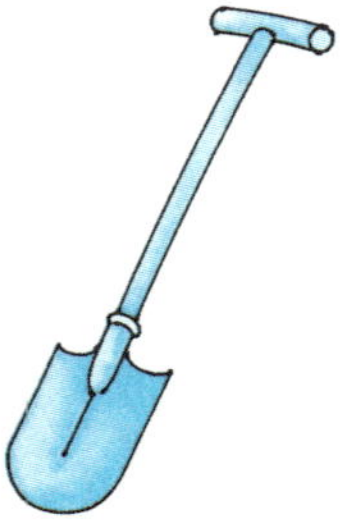

Ohne Arbeit, früh und spät,
wird Dir nichts geraten.
Neid sieht nur das Blumenbeet,
aber nicht den Spaten.

Wandspruch

Freund, lerne zweierlei, so wirst Du nicht verderben:
Zum ersten lerne was, um etwas zu erwerben,
zum andern lerne das, was niemand Dich kann lehren:
Gern das, was Du nicht kannst erwerben, zu entbehren.

Friedrich Rückert

Tu, was Du kannst und laß das andre dem, der's kann,
zu jedem ganzen Werk gehört ein ganzer Mann.
Zwei Hälften machen zwar ein Ganzes, aber merk:
Aus halb und halb getan entsteht kein ganzes Werk.

Friedrich Rückert

Der Adel verpflichtet!
Die Pflichterfüllung adelt.

Fliegende Blätter

Tu stets Deine Pflicht,
doch vergiß dabei nicht,
daß ein fröhlich Gesicht
am meisten besticht.

Um 1900

Erfülle jederzeit Deine Pflicht,
und wenn es Dir schwerfällt, dann murre nicht.
Nur den erquickt des Abends Rast,
der freudig trug des Tages Last.

Album 1917

Man kann zwar tun, was man will,
aber nicht wollen, was man will.

Arthur Schopenhauer

Durchs Leben führen zwei Zauberworte,
sie öffnen zu jeglichem Glücke die Pforte.
»Ich will« ist der Schlüssel, aber »ich kann«
ist unerläßlich der Bart daran.

Volkstümlich

Sei nicht ein Wind- und Wetterhahn
und fang nicht immer Neues an.
Was Du einmal begonnen hast,
das führ zu Ende ohne Rast.

Volksmund

Es ist ein tiefer Segen,
der aus dem Wort Dir spricht:
»Erfülle allerwegen
getreulich Deine Pflicht!«
Welch Ziel Du magst erstreben,
sei's nah, sei's hoch und fern:
Weiht nicht die Pflicht Dein Leben,
so fehlt Dein guter Stern.

Julius Hammer

Sei ohne Harm und ohne Groll,
die Welt ist manchen Zufalls voll.
Wenn Du stets schaffst in guter Ruh,
fällt Dir vielleicht ein Glückslos zu.

Volkstümlich

Wir haben Power und Mut, mein Kind:
Wir reißen Bäume aus, wo keine sind!

Spruch

Bleibe ruhig, tu's gediegen:
Was nicht fertig wird, bleibt liegen!

Spruch

Allen ist die Arbeit heilig.
Nur Verrückte haben's eilig.

Spruch

In der Schule wie im Leben
sollte man sein Bestes geben,
denn nur wer sein Bestes gibt,
ist bei jedermann beliebt.

Kinderalbum

Algebra, Physik, Chemie:
Mancher denkt, er lernt es nie!
Aber mancher, der das dachte,
später doch Karriere machte.

Spruch

Gleich einer Schule ist das Leben,
Aufgaben gibt es schwer und viel;
nach besseren Noten gilt das Streben,
ein gutes Zeugnis ist das Ziel.

Kinderalbum

Sei fleißig wie ein Bienchen
und sanft wie ein Kaninchen,
so sauber wie ein Kätzchen,
dann kriegst Du auch ein Schätzchen.

Kinderalbum

Wer fürchtet, daß die Biene sticht,
erntet auch den Honig nicht.

Volksmund

Kluge Sprüche, weise Lehren

Die Volksweisheiten, Leit- und Lebensworte, die klugen Merksprüche, Ermahnungen, Reflexionen und Aphorismen nehmen in den Alben aus Großmamas Zeiten offensichtlich einen großen Raum ein. Gleichwohl gibt es auch unter den modernen Spruchdichtern weise Frauen und scharfsinnige Männer neben Klugschnackern und Besserwissern. Überschlaue Denker kannte auch schon Erich Kästner, und er widmete den Gescheiten sogar einen Vierzeiler:

Vergiß in keinem Falle,
auch dann nicht, wenn vieles mißlingt:
Die Gescheiten werden nicht alle!
(So unwahrscheinlich das klingt.)

Wer über gewisse Dinge den Verstand nicht verliert,
der hat keinen zu verlieren.

Gotthold Ephraim Lessing

Das eilende Schiff, es kommt durch die Wogen
wie Sturmwind geflogen.
Mit Jubel verkünden der Stimmen gar viele:
Wir nahen dem Ziele!
Der Fährmann am Steuer nur stöhnt leise:
Wir segeln im Kreise!

Marie von Ebner-Eschenbach

Laß die Winde stürmen
auf des Lebens Bahn,
ob sie Wogen türmen
gegen Deinen Kahn:
Schiffe ruhig weiter,
wenn der Mast auch bricht;
Gott ist Dein Begleiter,
er verläßt Dich nicht.

Christoph August Tiedge

Das waren mir selige Tage!
Mein liebes Mädchen, o sage:
»Sie waren so selig auch mir!«
Dann such ich ein Schifflein uns wieder,
dann setz ich mich neben Dir nieder
und schiffe durchs Leben mit Dir.

Christian Adolf Overbeck

Setz Dir Perücken auf von Millionen Locken,
setz Deinen Fuß auf ellenhohe Socken:
Du bleibst doch immer, was Du bist!

Johann Wolfgang von Goethe

Lerne, spare, leiste was,
dann kannste, haste, biste was.

Aus Berlin

Wer den Wind sät, wird den Sturm ernten.

Bibelspruch

Wer sich nicht freut an Kleinigkeiten
ist ärmlich dran zu allen Zeiten,
er sieht oft, wie Herr Wieland spricht,
den Wald vor lauter Bäumen nicht.

Aloys Blumauer

Was man nicht weiß, das eben braucht man,
und was man weiß, kann man nicht brauchen.

Johann Wolfgang von Goethe

Wer weiß, daß er nichts weiß, weiß mehr
als der, der nicht weiß, daß er nichts weiß.

Spruch

Wo kämen wir hin, wenn jeder sagen würde:
»Wo kämen wir hin«, und niemand ginge,
um zu schauen, wohin wir kämen, wenn wir gingen.

Spruch

Willst, o Sterblicher, Du das Meer des gefährlichen Lebens
froh durchschiffen und froh landen im Hafen dereinst,
laß, wenn die Winde Dir heucheln, Dich nicht von dem
Stolze besiegen,
laß, wenn Sturm Dich ergreift, nimmer Dir rauben den Mut.
Männliche Tugend sei Dein Ruder, der Anker die Hoffnung,
wechselnd bringen sie Dich durch die Gefahren an Land.

Johann Gottfried von Herder

Des Lebens große Stürme,
wenn sie vorüber sind,
so mögen sie Dir scheinen,
sie wären leichter Wind.

Volkstümlich

Sei tapfer, wenn die Masten krachen,
daß Du nicht schreckversteinert stehst;
Du wirst die Wogen dienstbar machen,
sobald du klug das Steuer drehst.
Gern packt das Unglück Deine Schwächen –
o kämpfe, daß Du nicht erliegst;
und kannst Du auch den Sturm nicht brechen,
so brich nur selbst nicht, und Du siegst!

Otto Banck

Wer mit dem Leben spielt,
kommt nie zurecht;
wer sich nicht selbst befiehlt,
bleibt immer ein Knecht.

Johann Wolfgang von Goethe

Willst Du Dich selber erkennen,
so sieh, wie die andern es treiben;
willst Du die andern verstehn,
blick in Dein eigenes Herz.

Friedrich von Schiller

Damit Du nichts entbehrst, war Catos weise Lehre:
Entbehre!

Johann Heinrich Voß

Willst Du Großes, laß das Zagen,
tu's nach kühner Schwimmer Brauch!
Rüstig gilt's, die Flut zu schlagen,
doch es trägt die Flut Dich auch.

Emanuel Geibel

Wer erst vom süßen Weine trank
und dann von einem sauern,
spürt im Gedärm 'nen starken Drang
und ist sehr zu bedauern.

Parodie

Wer erst in saure Äpfel biß
und dann in einen süßen,
der wird den süßen ganz gewiß
dann doppelt froh genießen.
Doch wer in süße Äpfel biß
und dann in einen herben,
dem wird der herbe ganz gewiß
die ganze Freud verderben.

Robert Reinick

Der größte Lehrer kann Dich nicht umgestalten.
Er kann Dich befrei'n: Du mußt Dich entfalten!

Ernst von Feuchtersleben

Fritz, lerne selbst Dich überwinden!
Dies ist der Tugend schönste Pflicht.
Nie wirst Du Ruh auf Erden finden,
bezähmst Du Deine Triebe nicht.

Gallisch

Die Tugend will nicht immer passen.
Im ganzen läßt sie etwas kalt,
und daß man eine unterlassen,
vergißt man bald.
Doch schmerzlich denkt manch alter Knaster,
der von vergangenen Zeiten träumt,
an die Gelegenheit zum Laster,
die er versäumt.

Wilhelm Busch

Wenn Gift und Galle die Welt Dir beut,
und Du möchtest das Herz Dir gesund bewahren:
Mach andern Freude! Du wirst erfahren,
daß Freude freut.

Friedrich Theodor Vischer

Was es auch Großes und Unsterbliches zu erstreben gibt,
seinen Mitmenschen Freude zu bereiten
ist doch das Beste, was man auf der Welt tun kann.

Peter Rosegger

Wie sich Dein Leben wendet,
wie lang Dich's quält, wie kurz Dir's lacht:
die Zeit ist nie verschwendet,
in der Du jemand frohgemacht.

Frida Schanz

Wenn auch der Hoffnung letzter Anker bricht:
Verzage nicht!

Volksmund

Nur vorwärts frisch und frei den Blick,
darfst ihn nicht trübe senken;
Dir wird beschieden Dein Geschick,
doch – selber kannst Du's lenken.

Wilhelm Hasenclever

Tu endlich nur das Deine,
tu's in schweigendem Vertrauen:
Rüste Balken, haue Steine;
Gott der Herr wird bauen.

Emanuel Geibel

Für Ordnung bist Du nicht zu haben?
Laß Deine Eltern fluchen
und denke Dir: Wer Ordnung hält,
ist bloß zu faul zum Suchen!

Spruch

Furchtlos, doch mit Bescheidenheit
beschreite des Lebens Stege.
Wer immer nur im Mittelpunkt steht,
steht allen andern im Wege.

Spruch

Bescheidenheit ist eine Zier,
doch kommt man weiter ohne ihr.

Aus Berlin

Bescheidenheit und Demut sind
genau wie Schmeichelei,
das lernst Du früh genug, mein Kind,
im Grunde Heuchelei.

Spruch

Oft ist die Heiligkeit,
womit sich kleine Seelen blähen,
bloß Mangel an Gelegenheit,
die Fehler andrer zu begehen.

Gottlieb Konrad Pfeffel

Gesell Dich einem Bessern zu,
daß mit ihm Deine bessern Kräfte ringen.
Wer selbst nicht weiter ist als Du,
der kann Dich auch nicht weiterbringen.

Friedrich Rückert

Kannst Du das Schöne nicht erringen,
so mag das Gute Dir gelingen.
Ist nicht der große Garten Dein,
wird doch für Dich ein Blümchen sein.
So geht es Tag für Tag; doch eben
aus Tagen, Freund, besteht das Leben.
Gar viele sind, die das vergessen:
Man muß es nicht nach Jahren messen!

Eduard von Bauernfeld

Ein Herz, wahrhaftig gut und schön,
wird oft sich täuschen lassen,
läßt durch den Schein sich hintergehn,
und kann sich nie dazu verstehn,
vorher Verdacht zu fassen.

Anna Luise Karsch

Von der Gewalt, die alle Wesen bindet,
befreit der Mensch sich, der sich überwindet.

Johann Wolfgang von Goethe

Werde, was Du noch nicht bist,
bleibe, was Du jetzt schon bist;
in diesem Bleiben und diesem Werden
liegt alles Schöne hier auf Erden.

Franz Grillparzer

Erst unter Kuß und Spiel und Scherzen
erkennst Du ganz, was Leben heißt;
o lerne denken mit dem Herzen,
und lerne fühlen mit dem Geist.

Theodor Fontane

O bad in freien Lüften
die Brust, das Aug im Licht:
Du lebst kein wahrhaft Leben,
wo Deinem Busen jene,
dies Deiner Stirn gebricht.

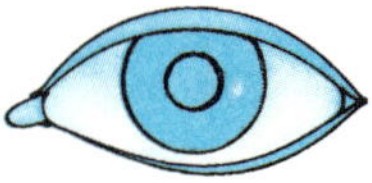

Robert Hamerling

Sollen Dich die Dohlen nicht umschrei'n,
mußt Du nicht Knopf auf dem Kirchturm sein.

Johann Wolfgang von Goethe

Wenn Du viel erreichen willst,
darfst Du niemals mucken:
Wer den Teich aussaufen will,
muß auch Kröten schlucken.

Spruch

Steh und falle mit eigenem Kopfe,
tu das Deine und tu es frisch!
Besser stolz am irdenen Topfe
als demütig am goldenen Tisch.
Wechselnd geht unter Leid und Freuden,
nicht mitfühlend, der schnelle Tag.
Jeder sucht zum Kranze bescheiden,
was von Blumen er finden mag.
Jugend verblüht, Freude entflieht:
Lebe! Halte! Doch lauf niemals nach.

Ernst Moritz Arndt

Einem trauen ist genug,
keinem trauen ist nicht klug;
doch ist's besser, keinem trauen
als auf gar zu viele bauen.

Friedrich von Logau

Weißer Schwan auf blauer Flut,
liebe Dagmar, merk's Dir gut:
Halte stets Dein Herz so rein
wie der Schwan sein Federlein.

Kinderalbum

Sei schlicht und wahr,
blick der Gefahr
frei ins Gesicht:
Fürchte Dich nicht!

Studentenalbum

Du bist begeistert, Du hast Mut –
auch das ist gut!
Doch kann man mit Begeist'rungsschätzen
nicht die Besonnenheit ersetzen.

Heinrich Heine

Leicht zu leben ohne Leichtsinn,
heiter zu sein ohne Ausgelassenheit,
Mut zu haben ohne Übermut –
das ist die Kunst des Lebens!

Theodor Fontane

Ist auch oft der Teufel los,
nie verlier den Mut;
wenn Du an Dich selber glaubst,
dann wird alles gut.

Spruch

Ist der Ruf erst ruiniert,
lebst Du frei und ungeniert.

Sprichwort

Unter der Mütze
ein bißchen Grütze
ist viel nütze.

Aber ein fröhliches Herz
unter der Weste
ist doch das Beste.

Aus Mecklenburg

Einmal am Tag eine Wut
kriegen, dann geht es Dir gut.

Spruch

Von Vergnügen zu Vergnügen
rastlos eilen hin und her,
ist ein eitles Selbstbetrügen
und bald kein Vergnügen mehr.

Friedrich Bodenstedt

Ein kleines Lied, wie geht's nur an,
daß man so lieb es haben kann,
was liegt darin? Erzähle!
Es liegt darin ein wenig Klang,
ein wenig Wohllaut und Gesang,
und eine ganze Seele.

Marie von Ebner-Eschenbach

So tönt kein Lied in kummervollen Stunden,
als wenn der Freund das rechte Wort gefunden.

Nikolaus Lenau

Schläft ein Lied in allen Dingen,
die da träumen fort und fort,
und die Welt hebt an zu singen,
triffst Du nur das Zauberwort.

Joseph von Eichendorff

Lasse Dir den Mut nicht rauben,
sei im Unglück stark und fest;
werden doch die besten Trauben
stets am härtesten gepreßt!

Album 1941

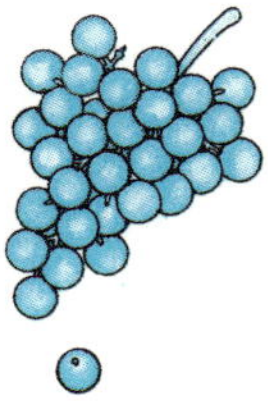

Besser ist's, die Menschen sagen:
Dreimal mehr verdientest Du! –
Als daß Weise spöttisch fragen:
Sagt, wie kam der Narr dazu?

Leopold Günther von Göckingk

Ein Wahn, der Dich beglückt,
ist eine Wahrheit wert, die Dich zu Boden drückt.

Christoph Martin Wieland

Wer sich beurteilt nur nach sich,
gelangt zu falschen Schlüssen;
Du selbst erkennst so wenig Dich,
als Du Dich selbst kannst küssen.

Friedrich Bodenstedt

Wenn über eine dumme Sache
mal endlich Gras gewachsen ist,
kommt sicher ein Kamel gelaufen,
das alles wieder runterfrißt.

Wandspruch

Auch wenn Dir der Sinn
meines Spruchs noch nicht dämmert:
Sei gut beschlagen
und nicht – behämmert.

Spruch

Am Abend wird man klug
für den vergangenen Tag,
doch niemals klug genug
für den, der kommen mag.

Friedrich Rückert

Am guten Alten
in Treue halten,
am kräftigen Neuen
sich stärken und freuen
wird niemand gereuen.

Emanuel Geibel

Das wird kein ganzer Kerl, der nie ein Rüpel war.

Otto Julius Bierbaum

Junges Blut, spar Dein Gut.
Armut im Alter wehe tut.

Sprichwort

Wer sich nicht nach der Decke streckt,
dem bleiben die Füße unbedeckt.

Johann Wolfgang von Goethe

Du bist freigiebig und galant,
und das hält man Dir vor;
viel besser als eine offene Hand
ist oft ein offenes Ohr.

Spruch

Erscheint Dir etwas unerhört,
bist Du im tiefsten Herzen empört,
bäume nicht auf, versuch's nicht mit Streit,
berühr es nicht, überlaß es der Zeit:
Ärger ist Zehrer und Lebensvergifter,
Zeit ist Balsam und Friedensstifter.

Theodor Fontane

Unsere Zeit vergeht geschwind,
nimm die Stunden wie sie sind.
Sind sie bös, laß sie vorüber,
sind sie gut, dann freu Dich drüber.

Volkstümlich

So war der Mensch zu allen Zeiten

Der Mensch ist gut; nur die Leut san a Gsindel! Wer es sich so leicht macht, hat nicht den Nagel auf den Kopf getroffen. Menschlichkeit oder Unmenschlichkeit sind uns nicht angeboren, sie wollen erlernt sein. Dabei ist es wohl sehr viel schwerer, sich menschlich, christlich, tolerant und hilfsbereit zu erweisen als das Gegenteil zu praktizieren. Der namhafte Kinderschriftsteller Josef Guggenmos hat sich einmal die Frage gestellt:

Was ist der Mensch?
Fabrikarbeiter,
Schüler, Chefarzt, Fahrer.
Was Du auch seist – im Hauptberuf
sei Mensch, ein ganzer, wahrer.

Was hilft es Dir, damit zu prahlen,
daß Du ein freies Menschenkind?
Mußt Du nicht pünktlich Steuern zahlen,
obwohl sie Dir zuwider sind?

Wilhelm Busch

Den nächsten Krieg gewinnt der Tod,
da hilft kein Gott uns aus der Not.
Drum laß die Rüstung verrosten
im Westen und im Osten.

Spruch

Hoffnung auf Hoffnung geht zu Scheiter,
aber das Herz hofft immer weiter!
Wie sich Wog über Woge bricht,
aber das Meer erschöpft sich nicht.
Daß sich die Wogen senken und heben,
das ist eben des Meeres Leben.
Und daß es hofft von Tag zu Tag,
das ist des Herzens Wellenschlag.

Friedrich Rückert

Das Schicksal ist ein Wirbelwind,
ein armes Blatt das Menschenkind.
Er treibt's zu Tal, er hebt's zum Hügel –
das Blättchen rühmt sich seiner Flügel!

Hieronymus Lorm

Heute und morgen –
wie eilig verweht!
Jauchzen und Sorgen –
alles vergeht.
Du aber lebe,
als läg Deine Zeit
vor Dir als ruhende Ewigkeit.
Tapfer handeln,
in Licht verwandeln
Dunkel und Not,
sei Dein Gebot!
Was Gutes Du tust
mit liebender Hand,
ist von Bestand.

Lenalisa Francke-Hagedorn

Auf des Lebens rauhem Weg begegnet
jeder einem Engel, der ihn segnet,
wenn er ihn erkennt und ihn versteht
und nicht blind an ihm vorübergeht.
Überall durch diese Welt voll Mängel
sendet Wahrheit ihre guten Engel,
um der Menschen Herzen zu umfrieden;
Dir auch ist der Deinige beschieden,
ernst und mild auf Deinem Gang durchs Leben
Dir das sicherste Geleit zu geben;
wenn er naht – o weis ihn nicht zurück,
denn nur er bringt Dir ein dauernd Glück.

Julius Hammer

Kind, du fragst mich, was wir sollen?
Immer nur das Gute wollen,
nach dem Schönen rastlos streben,
wahrhaft sein in Tod und Leben,
vorwärts, nie zurücke schreiten,
wider das Gemeine streiten,
uns den Edelsten vereinen,
was wir sind, auch immer scheinen!
Hast Du dieses Ziel errungen,
ist Dir, was Du sollst, gelungen.

Georg Keil

Was soll dies kindische Verzagen,
dies eitle Wünschen ohne Halt?
Da Du der Welt nicht kannst entsagen,
erobre sie Dir mit Gewalt!
Und könntest Du Dich auch entfernen,
es triebe Sehnsucht Dich zurück;
denn ach, die Menschen lieben lernen,
es ist das einzge, wahre Glück.
Unwiderruflich dorrt die Blüte,
unwiderruflich wächst das Kind,
Abgründe liegen im Gemüte,
die tiefer als die Hölle sind.
Du siehst sie, doch Du fliehst vorüber
im glücklichen, im ernsten Lauf;
dem frohen Tage folgt ein trüber,
doch alles wiegt zuletzt sich auf.

August von Platen

Nimm die Menschen wie sie sind –
es gibt keine besseren, mein Kind!

Spruch

Sei lieber Dir selber treu – als linientreu!

Spruch

Zuerst auf Deinen Beifall sieh,
dann auf den Beifall aller Welten.
Das Lob der Menge täuscht nicht selten,
die Stimme des Gewissens nie.

Klamer Schmidt

Das flüchtge Lob, des Tages Ruhm
magst Du dem Eitlen gönnen;
das aber sei Dein Heiligtum:
Vor Dir bestehen können!

Theodor Fontane

Unbemerkt durchs Leben schleichen,
wandeln still im Musenhain,
gehn im Mittagssonnenschein
unter Palmen oder Eichen,
keinen Herzensforscher scheu'n
und mit sich zufrieden sein,
hilft den höchsten Zweck erreichen!

 Johann Wilhelm Ludwig Gleim

Richte nie den Wert des Menschen
schnell nach einer kurzen Stunde.
Oben sind bewegte Wellen,
doch die Perle liegt am Grunde.

Otto von Leixner

Gescheit gedacht und dumm gehandelt,
so bin ich meine Tage durchs Leben gewandelt.

Franz Grillparzer

Mann mit zugeknöpften Taschen,
Dir tut niemand was zulieb:
Hand wird nur von Hand gewaschen;
wenn Du nehmen willst, so gib!

Johann Wolfgang von Goethe

Verena, lerne Menschen kennen,
denn sie sind veränderlich.
Die Dich heute Freundin nennen,
schimpfen morgen über Dich.

Kinderalbum

Wenn jemand neidvoll an Dich denkt,
verzieh nicht Deine Mienen.
Mitleid kriegst Du umsonst geschenkt,
Neid muß man sich verdienen.

Spruch

Der Mensch muß das Gute und Große wollen.
Das Übrige hängt vom Schicksal ab.

Alexander von Humboldt

So war der Mensch zu allen Zeiten,
so ist er jung, so bleibt er alt;
heiß ist er gegen Kleinigkeiten,
und gegen große Dinge kalt.

Magnus Gottfried Lichtwer

Über das Herz zu siegen ist groß,
ich verehre den Tapferen,
aber wer durch sein Herz siegt,
er gilt mir noch mehr.

Friedrich von Schiller

Von folgendem Spruch mach gerne Gebrauch:
Verspreche nichts, und das halte dann auch!

Spruch

Magst den Tadel noch so fein,
noch so zart bereiten,
weckt er Widerstreiten.
Lob darf ganz geschmacklos sein.
Hocherfreut und munter
schlucken sie's hinunter!

Marie von Ebner-Eschenbach

Der Schneeball und das böse Wort,
sie wachsen, wie sie rollen fort;
eine Handvoll wirf zum Tor hinaus,
ein Berg wird's vor des Nachbarn Haus.

Wilhelm Müller

Wenn Dich die Lästerzunge sticht,
so laß Dir dies zum Troste sagen:
Die schlechtesten Früchte sind es nicht,
woran die Wespen nagen.

Gottfried August Bürger

Die Dornen und Disteln, die stechen gar sehr,
doch stechen die Altjungfernzungen noch viel mehr.

Emanuel Geibel

Sind der Damen drei beisammen,
gibt es eine Kaffeeschlacht,
wo die spitzen Zungen flammen.
Wen sie treffen: Gute Nacht!

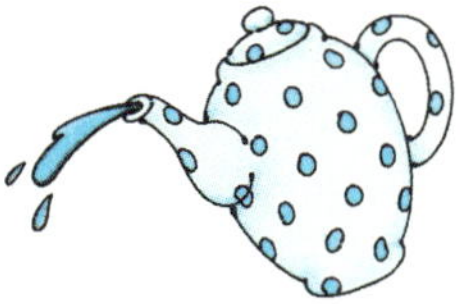

Studentenalbum

Es liebt die Welt das Strahlende zu schwärzen
und das Erhabne in den Staub zu ziehn.
Doch fürchte nicht! Es gibt noch schöne Herzen,
die für das Hohe, Herrliche erglühn.

Friedrich von Schiller

Eine schöne Menschenseele finden
ist Gewinn, ein schönerer Gewinn,
sie erhalten, und der schönst und schwerste,
sie, die schon verloren war, zu retten.

Johann Gottfried von Herder

Ein Mühlstein und ein Menschenherz
wird stets herumgetrieben;
wo beides nichts zu reiben hat,
wird beides selbst zerrieben.

Friedrich von Logau

Der Mensch gleicht einer Münze, Freund!
Ist er von gutem Korn, und scheint
Dir echt sein Schlag und ist noch scharf sein Rand,
dann reich ihm unverweilt die Hand.
Griff aber schon die Welt zu sehr ihn ab,
so mindert dies den Wert, den die Natur ihm gab.
Doch hat ihn gar die Kunst beschnitten,
dann, Freund, magst Du Dich vor ihm hüten.

Aloys Blumauer

Wenn Du Dich selber machst zum Knecht,
bedauert Dich niemand, geht's Dir schlecht,
machst Du Dich aber selbst zum Herrn,
die Leute sehn es auch nicht gern;
und bleibst Du endlich, wie Du bist,
so sagen sie, daß nichts an Dir ist.

Johann Wolfgang von Goethe

Der Mensch kann nichts Höhres erstreben
im Kampfe mit Sorge und Not,
als ein gutes Gewissen im Leben
und einen guten Namen im Tod.

Friedrich Bodenstedt

Wenn einer kommt und sagen kann,
er hab es allen recht getan,
so bitt ich diesen lieben Herrn,
er woll mich diese Kunst auch lehrn.

Volksmund

Wer Engel sucht in dieses Lebens Gründen,
der findet nie, was ihm genügt.
Wer Menschen sucht, der wird den Engel finden,
der sich an seine Seele schmiegt.

Christoph August Tiedge

Ein bißchen Güte von Mensch zu Mensch
ist besser als alle Liebe zur Menschheit.

Richard Dehmel

Zwei Schlüssel öffnen Dir jedes Herz,
zwei niedliche kleine, blanke;
gib acht, daß Du sie nicht verlierst,
sie heißen »bitte« und »danke«.

Kinderalbum

Ein jedes Band, das noch so leise
die Geister aneinanderreiht,
wirkt fort in seiner stillen Weise
durch unnennbare lange Zeit.

August von Platen

Der Not ist jede Lust entsprossen,
und unter Schmerzen nur gedeiht
das Liebste, was ein Herz genossen:
der holde Reiz der Menschlichkeit.

Friedrich Hölderlin

Ach, was soll der Mensch verlangen?
Ist es besser, ruhig bleiben,
klammernd fest sich anzuhangen?
Ist es besser, sich zu treiben?
Soll er sich ein Häuschen bauen?
Soll er unter Zelten leben?
Soll er auf die Felsen trauen?
Selbst die festen Felsen beben.
Eines schickt sich nicht für alle.
Sehe jeder, wie er's treibe,
sehe jeder, wo er bleibe,
und wer steht, daß er nicht falle!

Johann Wolfgang von Goethe

Das größte Wunderding ist doch der Mensch allein:
Er kann, nach dem er's macht, Gott oder Teufel sein.

Angelus Silesius

Den Menschen sollst Du Dich in so weit anbequemen,
um jeden in der Art, wie er sich gibt, zu nehmen.
Nur selber jedes Art und Unart anzunehmen,
in so weit sollst Du Dich den Menschen nicht bequemen.

Friedrich Rückert

Die Leute sagen immer:
»Die Zeiten werden schlimmer.«
Die Zeiten bleiben immer;
die Leute werden schlimmer.

Volkstümlich

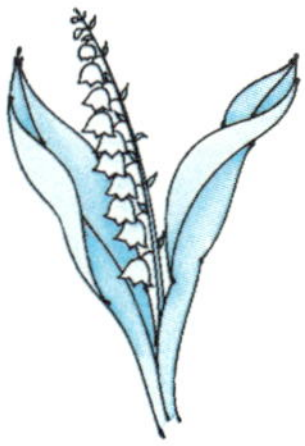

Stark im Glauben,
treu im Lieben
bringt uns Frieden.

Clara Ziegler

Im Leben sollst Du kämpfen,
Glück ist nur wenigen beschieden.
Der Mensch ist zu allem fähig,
warum nicht auch zum Frieden?

Spruch

Was Du nicht willst, das man Dir tu,
das füg auch keinem andern zu.

Sprichwort

Wer lange lebt auf Erden

Über den Sinn des Lebens, über Alter, Abschied, Gott und Tod wird wohl nirgends so ausgiebig philosophiert wie in alten Stammbüchern. Die Erinnerung wird immer wieder beschworen, die Vergänglichkeit alles Irdischen beunruhigt die Seele, denn am Ende winkt das Grab. So schön wie es unsere Klassiker formulierten, gelingt es den Laiendichtern von heute nicht, sich dieses Themas zu bemächtigen. Nur ein modernes Beispiel ist uns untergekommen, in dem die Blumenseligkeit der Alben in unsere gegenwärtige zerstörte Umwelt, in unsere nicht mehr heile Welt hinübergerettet wurde; die österreichische Dichterin Vera Ferra-Mikura schrieb diesen Vers:

Was flüstert die leere
Bierdose am Waldesrand?
»Vergiß-mein-nicht!«
ruft sie so zart.
Vergessen sein
ist gar zu hart!

Was geboren wurd, muß sterben.
Was da stirbt, wird neu geboren.
Freund, Du weißt nicht, was Du warst;
was Du jetzt bist, lerne kennen
und erwarte, was Du sein willst.

Johann Gottfried von Herder

Als Du das Licht der Welt erblickt,
weintest Du; es freuten sich die Deinen.
Lebe so, daß, wenn Dein Aug sich schließt,
Du Dich freust; die Deinen aber weinen.

Aus dem 19. Jahrhundert

Was bist Du in der Welt?
Ein Gast, ein Fremdling und ein Wanderer;
wenn Du kurze Zeit Haus gehalten hast,
so erbt Dein Geld ein anderer.

Aus Kärnten

Was auch wächst und sprießt auf Erden,
es muß doch wieder zu Erde werden.

Nach einem Bibelzitat

Denk immer: Ist's gegangen bis jetzt,
so wird es auch wohl gehen zuletzt.

Volkstümlich

Rufe nicht vergangene Tage,
nicht entschwundene Zeit zurück;
leb der Gegenwart und klage
nimmer um verschwundenes Glück!

Heinrich Zeise

Nenne nicht das Schicksal grausam,
nenne seinen Schluß nicht Neid:
Sein Gesetz ist ewige Wahrheit,
seine Güte Götterklarheit,
seine Macht Notwendigkeit.
Blick umher, o Freund, und siehe
sorgsam wie der Weise sieht:
Was vergehen muß, vergeht,
was bestehen kann, besteht,
was geschehen will, geschieht.

Johann Gottfried von Herder

Nenne niemand dumm und säumig,
der das Nächste recht bedenkt.
Ach, die Welt ist so geräumig,
und der Kopf ist so beschränkt.

Wilhelm Busch

Wenn Dich die Nebel des Trübsinns umgarnen,
heb zu den Sternen den sinkenden Mut;
hab zu Dir selber recht festes Vertrauen,
Guten ergeht es am Ende stets gut.

Album 1852

Genieße still zufrieden
den sonnig heitren Tag,
Du weißt nicht, ob hienieden
ein gleicher kommen mag.
Es gibt so trübe Zeiten,
da wird das Herz uns schwer,
da wogt von allen Seiten
um uns ein Nebelmeer.
Da wüchse tief im Innern
die Finsternis mit Macht,
ging nicht ein süß Erinnern
als Mondlicht durch die Nacht.

Julius Sturm

Aus der Jugendzeit, aus der Jugendzeit
klingt ein Lied mir immerdar;
o wie liegt so weit, o wie liegt so weit,
was mein einst war!
Was die Schwalbe sang, was die Schwalbe sang,
die den Herbst und Frühling bringt,
ob das Dorf entlang, ob das Dorf entlang
das jetzt noch klingt?
Keine Schwalbe bringt, keine Schwalbe bringt
Dir zurück, wonach Du weinst:
Doch die Schwalbe singt, doch die Schwalbe singt
im Dorf wie einst!

Friedrich Rückert

Die Jahre schnell vorüberziehn,
Du aber mögest ewig blühn!

Volkstümlich

Das Paradies kann nur im reinen Herzen sein.
Trägst Du es nicht in Dir, so kommst Du nicht hinein.

Gerhard Tersteegen

Bleibst standhaft Du im Leiden,
erringst Du Himmelsfreuden.

S. W. Schießler

Die Pforte im Himmel ist klein,
es kann kein Prahlhans hinein.

Abraham a Santa Clara

Ein Tännlein grünet wo,
wer weiß, im Walde;
ein Rosenstrauch, wer sagt,
in welchem Garten?
Sie sind erlesen schon,
denk es, o Seele,
auf Deinem Grab zu wurzeln
und zu wachsen.

Eduard Mörike

Freund, was Du tust, bedenk das End',
das wird die höchste Weisheit genennt.

Hans Sachs

Wenn alles eben käme
wie Du gewollt es hast,
und Gott Dir gar nichts nähme
und gäb Dir keine Last,
wie wär's dann um Dein Sterben,
Du Menschenkind, bestellt?
Du müßtest fast verderben;
so lieb wär Dir die Welt.
Nun fällt, eins nach dem andern,
manch süßes Band Dir ab,
und heiter kannst Du wandern
gen Himmel durch das Grab.
Dein Zagen ist gebrochen,
und Deine Seele hofft.
Dies ward schon oft gesprochen;
doch spricht man's nie zu oft.

Friedrich de la Motte-Fouqué

Selbst sich kennen ist viel,
viel mehr noch, die Welt zu erkennen,
aber das Höchste doch ist:
Gott zu erkennen allein.
Wer kennt Gott? Wer die Welt erkannt hat.
Und die Welt zu erkennen?
Keiner vermag es, als wer selbst sich zuvörderst erkannt.

Friedrich Schleiermacher

Was vergangen, kehrt nicht wieder;
aber ging es leuchtend nieder,
leuchtet's lange noch zurück!

Karl Förster

Auf seinem Wege selten fällt,
wer sein Vertrauen auf Gott gestellt.

Freidank

Vertraue Gott und traue fest,
daß Er die Seinen nicht verläßt!

J. Stegmann

Des Lebens abgestecktes Ziel
mag kurz sein oder lang,
so ist es an sich selbst nicht viel
und nur ein Übergang.
Wer aber jeden Lebenstag,
so lang es heute heißt,
dem Herrn der Tage opfern mag,
der ist ein seliger Geist.

Nikolaus Ludwig von Zinzendorf

Vergessen und Vergessenwerden!
Wer lange lebt auf Erden,
der hat wohl diese beiden
zu lernen und zu leiden.

Theodor Storm

Wem Ewigkeit wie Zeit und Zeit wie Ewigkeit,
der ist befreit von allem Streit.

Jakob Böhme

Zeit und Tage
bringen viel Plage;
Tage und Zeit
ändern viel Leid.

Stammbuch 1652

Die Erinnerung ist das einzige Paradies,
woraus wir nicht vertrieben werden können.

Jean Paul

Dreifach ist der Schritt der Zeit:
Zögernd kommt die Zukunft hergezogen,
pfeilschnell ist das Jetzt entflogen,
ewig still steht die Vergangenheit.

Friedrich von Schiller

Die Zeit ist schlecht, mit Sorgen trägt
sich schon das junge Blut;
doch wo ein Herz vor Freude schlägt,
da ist die Zeit noch gut.

August Mahlmann

Die Zeit, sie geht nicht, sie steht still,
wir ziehen durch sie hin;
sie ist ein Karawanserei,
wir sind die Pilger drin.

Gottfried Keller

Weißt Du, was in dieser Welt
mir am meisten wohlgefällt?
Daß die Zeit sich selbst verzehrt,
und die Welt nicht ewig währt.

Friedrich von Logau

Ist die Zeit auch hingeflogen,
die Erinnerung weicht nie;
als ein lichter Regenbogen
ruht auf trüben Wolken sie.

Album 1878

Erinnerung grüßt durch Sturm und Wetter,
und zitternd schreibt der Sonnenstrahl
ins blasse Gold der welken Blätter:
Es war einmal!

Frida Schanz

Wem ewig jung das Herz geblieben,
dem ist das Leben ewig jung.
Am Morgen lauter Lust und Lieben,
am Abend – die Erinnerung.

Oskar von Redwitz

Zierlich denken, süß erinnern
ist das Leben im tiefsten Innern.

Aus Jena

Das Leben ist eine Hühnerleiter,
von oben bis unten – ich weiß nicht weiter.

Volkstümlich

Es gibt im Leben Stunden,
da zieht man sich zurück
von dem Gewühl der Menge,
von jedem Menschenblick.
Man setzt sich hin und träumt dann,
denkt der Vergangenheit,
manch froh erlebter Tage
und an die Jugendzeit.

Gedenkt wohl eines jeden,
den näher man gekannt –
der Freundinnen und Freunde,
die man im Leben fand.
Hervor nimmt man das Album,
das lang vergessen blieb,
durchblättert seine Seiten
und liest, was jeder schrieb.
Es schwebt manch teurer Name
dem regen Geiste vor,
manch längst Vergessenes taucht dann
ans Tageslicht empor.
Und es entsteht ein Wogen
von Bildern, schön und viel;
sie schwinden, kehren wieder,
ein tolles Maskenspiel.
Und in dem Aug, dem trüben
sieht man bald Tränen stehn.
Der Mund, der flüstert leise:
Die Zeiten waren schön!

Um 1900

Wenn altersschwach wir einst zur Stütze greifen
und weiß geworden auch ist unser Haar,
wenn unsere Gedanken rückwärts schweifen
auf eine Zeit, die unsere Jugend war,
und angenehme Bilder sich dann zeigen
von ehemaliger Lieb und Freundschaft Glück,
von fröhlichem Gesang und Tanzesreigen
und von des Frohsinns heiterem Sonnenblick,
dann danken wir dem Spender jener Gaben,
die unser Herz so manchmal noch macht jung,
und wünschen nur, daß jeder Mensch sie habe,
die schöne freudige Erinnerung!

Um 1900

Wenn ich dereinst ganz alt und schwach,
und 's ist mal ein milder Sommertag,
so hink ich wohl aus dem kleinen Haus
bis unter den Lindenbaum hinaus.
Da setz ich mich dann im Sonnenschein
einsam und still auf die Bank von Stein,
denk an vergangene Zeiten zurücke
und schreibe mit meiner alten Krücke
und mit der alten, zitternden Hand
BERTHA
so vor mir in den Sand.

Wilhelm Busch

Gestern liebt ich,
heute leid ich,
morgen sterb ich:
dennoch denk ich
heut und morgen
gern an gestern.

Gotthold Ephraim Lessing

Es komme, was da kommen mag!
So lang Du da bist, ist es Tag.
Und geht es in die Welt hinaus,
wo Du mir bist, bin ich zu Haus.
Ich seh Dein liebes Angesicht,
ich sehe die Schatten der Zukunft nicht.

Theodor Storm

Ihr glücklichen Augen, was je ihr gesehn:
es sei, wie es wolle; es war doch so schön!

Johann Wolfgang von Goethe

Der Mensch erfährt, er sei auch, wer er mag,
ein letztes Glück und einen letzten Tag.

Johann Wolfgang von Goethe

O Eitelkeit, o Eitelkeit!
Alles endet mit der Zeit.
Die jüngsten Mädchen werden alt,
die wärmsten Glieder werden kalt,
die engsten Handschuh werden weit,
o Eitelkeit, o Eitelkeit!

Studentenalbum

Lebe, wie Du, wenn Du stirbst,
wünschen wirst, gelebt zu haben.

Christian Fürchtegott Gellert

Was uns Trost und Mut kann geben,
um hienieden gern zu säumen?
Daß wir leben, wenn wir träumen,
daß wir träumen, wenn wir leben.
Laßt uns denn nach heiligen Räumen
mutig und getröstet streben,
weil wir träumen, wenn wir leben,
weil wir leben, wenn wir träumen.

August von Platen

Und sind wir auch fern voneinander,
so bleiben die Herzen sich nah,
und alle, ja alle wird's freuen,
wenn einem was Gutes geschah.

August von Kotzebue

Was ist es mit dem Leben
doch für 'ne arge Not,
mußt leiden und mußt sterben
zuletzt den bittern Tod.
Drum laß uns hier in Freundschaft
einander echt verstehn
die kurze Strecke Weges,
die wir zusammengehn!

Ludwig Anzengruber

Von Ost nach West, von Süd nach Nord
sind wir verbunden von Ort zu Ort.

Aus Norddeutschland

Üb immer Treu und Redlichkeit
bis an Dein kühles Grab,
und weiche keinen Finger breit
von Gottes Wegen ab;
dann wirst Du wie auf grünen Auen
durchs Pilgerleben gehn,
dann kannst Du ohne Furcht und Grauen
dem Tod ins Antlitz sehn.

Ludwig Christoph Heinrich Hölty

Ein treu Gedenken, lieb Erinnern,
das ist die herrlichste der Gaben,
die wir von Gott empfangen haben;
das ist der goldene Zauberring,
der auferstehen macht im Innern,
was uns nach außen unterging.

Friedrich Bodenstedt

Es ist bestimmt in Gottes Rat,
daß man vom Liebsten, was man hat,
muß scheiden.
Wie wohl doch nichts im Lauf der Welt
dem Herzen, ach, so sauer fällt
als Scheiden! Ja, Scheiden!
Nun mußt Du mich auch recht verstehn,
ja recht verstehn:
Wenn Menschen auseinandergehn,
so sagen sie: Auf Wiedersehn!
Auf Wiedersehn!

Ernst von Feuchtersleben

Verzeichnis der Autoren

Neben unbekannten Verfassern sind rund 150 bekannte Dichter und Dichterinnen in dieser Sammlung mit Versen und Werkstücken vertreten:
Ludwig Anzengruber, Ernst Moritz Arndt, August Karl Auch, Otto Banck, Eduard von Bauernfeld, Ludwig Bechstein, Otto Julius Bierbaum, Viktor Blüthgen, Aloys Blumauer, Friedrich Bodenstedt, Jakob Böhme, Clemens Brentano, Gottlob Wilhelm Burmann, Wilhelm Busch, Matthias Claudius, Carl Gottlob Cramer, Friedrich von Cronegk, Richard Dehmel, Annette von Droste-Hülshoff, Marie von Ebner-Eschenbach, Joseph von Eichendorff, Ernst von Feuchtersleben, Karl Förster, Theodor Fontane, Friedrich de la Motte-Fouqué, Lenalisa Francke-Hagedorn, Freidank, Ferdinand Freiligrath, Gallisch, A. Gebauer, Emanuel Geibel, Christian Fürchtegott Gellert, Karl Gerok, Johann Wilhelm Ludwig Gleim, Leopold Günther von Göckingk, Johann Wolfgang von Goethe, Friedrich Wilhelm Gotter, Martin Greif, Franz Grillparzer, Anastasius Grün, Otto Friedrich Gruppe, Friedrich Güll, Friedrich Halm, Johann Georg Hamann, Robert Hamerling, Julius Hammer, Claus Harms, Wilhelm Hasenclever, Johann Christoph, Heinrich Heine, Johann Gottfried von Herder, Carl Herloßsohn, Georg Herwegh, Paul Heyse, Friedrich Hölderlin, Ludwig Christoph Heinrich Hölty, August Heinrich Hoffmann von Fallersleben, Alexander von Humboldt, David Kalisch, Anna Luise Karsch, Georg Keil, Gottfried Keller, Gottfried Kinkel, Hermann Kletke, Friedrich Gottlieb Klopstock, Theodor Körner, August von Kotzebue, August Friedrich Ernst Langbein, Johann Kaspar Lavater, Otto von Leixner, Nikolaus Lenau, Gotthold Ephraim Lessing, Magnus Gottfried Lichtwer,

Detlev von Liliencron, Friedrich von Logau, Hieronymus Lorm, Martin Luther, August Mahlmann, Hermann Marggraff, Friedrich Matthisson, Adolph Menk, Wolfgang Menzel, Eduard Mörike, Adalbert Müller, Wilhelm Müller, H. G. Nägeli, Novalis, Christian Adolf Overbeck, Jean Paul, Johann Heinrich Pestalozzi,
Gottlieb Konrad Pfeffel, August von Platen, J. von Radowitz, Oskar von Redwitz, Robert Reinick, Julius Rodenberg, Otto Roquette, Peter Rosegger, Friedrich Rückert, Leopold von Sacher-Masoch, Hans Sachs, Daniel Sanders, Abraham a Santa Clara, Frida Schanz, Victor von Scheffel,
S. W. Schießler, Friedrich von Schiller, Karl Schimper, Friedrich Schleiermacher, Klamer Schmidt, L. Schnabel, Arthur Schopenhauer, Heinrich Seidel, Angelus Silesius, J. Stegmann, Adelheid von Stolterfoth, Theodor Storm, Karl Streckfuß, Julius Sturm, Carmen Sylva, Gerhard Tersteegen, Ludwig Tieck, Christoph August Tiedge, Johannes Trojan, Martin Usteri, Johann Peter Uz, Friedrich Theodor Vischer, Vogel, Johann Heinrich Voß, Friedrich Wilhelm Weber, Christoph Martin Wieland, Ch. Wurm, Heinrich Zeise, Clara Ziegler, Nikolaus Ludwig von Zinzendorf.
Zitiert wurden: Heinz Erhardt, Vera Ferra-Mikura, Lisa Fitz, Josef Guggenmos, Erich Kästner, Eugen Roth, Kurt Tucholsky. Einige der mit »Spruch« gekennzeichneten Verse stammen vom Herausgeber.

Methodischer und rechtlicher Hinweis

Wohl nirgendwo wird so oft bei der Zuschreibung von Texten geschludert wie in handschriftlichen Poesiealben. Auch auf die sonst so peniblen Lehrerinnen und Lehrer ist in dieser Hinsicht kein Verlaß. Da werden Lenau und Eichendorff verwechselt, und Verse von Hölty werden dem »Wandsbecker Bothen« zugeschrieben. Auch Schiller und Goethe würden sich, wenn sie's noch könnten, recht schön bedanken für Verse drittklassiger Dichter wie Geibel oder Bodenstedt, die ihnen als uneheliche Geisteskinder untergeschoben werden. Sollte es auch in dieser Sammlung zu solchen Fehlleistungen gekommen sein, wären Verlag und Herausgeber – auch bei fehlenden Autorennamen – für einen entsprechenden Hinweis dankbar, um bei einer Nachauflage diese Fehler auszumerzen. Diese Bitte gilt auch, falls ein Urheberrecht übersehen und vorher keine Absprache getroffen worden sein sollte.
Sprachliche Erneuerungen alter Ausdrücke und textliche Änderungen waren in den meisten Fällen beabsichtigt, um die Lesbarkeit zu verbessern oder um die Verse dem poetischen Geschmack und Zweck von heutigen Stammbüchern anzupassen. Sie sollen den Gebrauchswert der Sammlung steigern, denn sie hauchen alten und spröden Reimen wieder Witz und neues Leben ein.

Aus ist's und gar ist's, und nu:
Mach's Buch zu!

NÜTZLICHE RATGEBER

EINE AUSWAHL

Stand: Frühjahr 1994

Hobby und Freizeit

Falken-Handbuch
Zeichnen und Malen
(**4167**-5) Von B. Bagnall, 336 S., 1154 Farbzeichnungen, Pappband. ●●●●●

Kreativ Zeichnen
(**4688**-X) Von B. Bagnall, 176 S., zahlr. Farbabb., Pappband. ●●●●

Punkt, Punkt, Komma, Strich
Zeichnen leicht gemacht
(**4721**-5) Von H. Witzig, 144 S., 512 s/w-Zeichnungen, Pappband. ●●

Punkt, Punkt, Komma, Strich
Zeichenstunde für Kinder
(**0564**-4) Von H. Witzig, 144 S., über 250 Zeichnungen, kart. ●

Einmal grad und einmal krumm
Zeichenstunde für Kinder
(**0599**-7) Von H. Witzig, 144 S., 363 Abb., kartoniert. ●

Figürliches Zeichnen
leicht gemacht
(**1010**-9) Von H. Witzig, 112 S., 462 Figuren, kartoniert. ●

Airbrush
Kreatives Gestalten mit dem Luftpinsel
(**1133**-4) Von C. M. Mette, 80 S., 145 Farbfotos, 40 Farbzeichnungen, kartoniert. ●●

Kalligraphie
Die Kunst des schönen Schreibens
(**4263**-9) Von C. Hartmann, 120 S., 44 Farbvorlagen, 29 s/w-Vorlagen, 2 s/w-Zeichnungen, 38 Farbfotos, Pappband. ●●●●

Gestalten mit Schrift
Kalligraphie
(**1044**-3) Von I. Schade, 80 S., 2 Farb- und 1 s/w-Foto, 143 Farbzeichnungen, kart. ●●

Hobby Aquarellmalen
Landschaft und Stilleben
(**0876**-7) Von I. Schade, A. Brück, 80 S., 111 Farbabb., kart. ●●

Technik · Gestaltung · Ausdruck
Aquarellmalerei
Von der Realität zum Bild
(**4529**-8) Von Prof. W. Wrisch, 136 Seiten, 172 farb. Abbildungen, 5 s/w-Abbildungen, 46 Zeichnungen, Pappband. ●●●●

Hobby Ölmalerei
Landschaft und Stilleben
(**0875**-9) Von H. Kämper, I. Becker, 80 S., 93 Farbabb., kart. ●●

FALKEN
Lexikon der Seidenmalerei
Mit großer Farbmischtabelle
(**4737**-1) Von K. Huber, 208 S., 192 Farbfotos, Pappband. ●●●●

Seidenmalerei in Vollendung
(**4414**-3) Hrsg. von R. Smend, 160 S., 227 Farbfotos, 36 s/w-Fotos, geprägter Leineneinband mit Schutzumschlag, im Schuber. ●●●●●

Seidenmalerei
Westen · Blusen · Hosen
(**1455**-4) Von C. Köhl, ca. 64 Seiten, durchgehend vierfarbig, zahlreiche Abbildungen, mit Vorlagebogen, kartoniert. ●●

Seidenmalerei und Modedesign
Modelle · Techniken · Schnittmuster
(**4476**-3) Von B. Hansen, 176 S., 140 Farbf. 93 Farb-, 68 s/w-Zeichn., Pappband. ●●●●

Seidenmalerei Exklusive Tücher
(**1303**-5) Von E. Schwinge, 80 S., 79 Farbfotos, 6 Zeichnungen, kart. ●●

Kreative Seidenmalerei
Motive · Muster · Farbenspiel
(**4720**-7) Von M. Neubacher-Fesser, ca. 136 S., zahlr. Farbabb., Pappband. ●●●●

Seidenmalerei
Muster über Muster
20 Künstlerinnen präsentieren 120 Ideen
(**4744**-4) 128 S., 188 Farbabbildungen, Pappband. ●●●●

Seidenmalerei
Die wichtigsten Techniken Schritt für Schritt
(**1357**-4) Von B. Hansen, 64 S., 97 Farbfotos, kartoniert. ●●

Seidenmalerei als Kunst und Hobby
(**4264**-7) Von S. Hahn, 136 S., 256 Farbfotos, 1 s/w-Foto, Pappband. ●●●●

Neue zauberhafte Seidenmalerei
Motive und Anregungen aus der Natur
(**0924**-0) Von R. Henge, 80 S., 148 Farbfotos, 27 s/w-Zeichnungen, kart. ●●

Krawatten, Tücher und Fliegen individuell gestalten
Seidenmalerei
(**1242**-X) Von A. Reichmann, 64 S., durchgehend vierfarbig, kart. ●●

Aquarellieren auf Seide
Materialien · Techniken · Motive
(**0917**-8) Von I. Demharter, 32 S., 41 Farbfotos, Pappband. ●

Airbrush auf Seide
(**1342**-6) Von I. Demharter, 64 S., zahlreiche Farbabbildungen, kart. ●●

Airbrush Seidenmalerei
Mit Vorlagen für Schablonen
(**1356**-6) Von C. M. Mette, 80 S., 129 Farbf., kartoniert. ●●●

Seidenmalerei Bäume und Blätter
(**5249**-9) Von D. Kosik, 32 S., 5 Farbfotos, 23 Farb- u. 13 s/w-Zeichungen, kart. ●

Seidenmalerei Landschaften
(**5153**-0) Von D. Kosik, 32 S., 50 Farbfotos, 12 Zeichnungen, mit Vorlagebogen in Originalgröße, kart. ●

Seidenmalerei Kissen
(**5151**-4) Von I. Demharter, 32 S., 42 Farbfotos, 2 Zeichnungen, mit Vorlagebogen in Originalgröße, kart. ●

Seidenmalerei Blusen und T-Shirts
(**5184**-0) Von A. Keller, 32 S., 28 Farbfotos, 12 Zeichnungen, mit Vorlagebogen in Originalgröße, kartoniert. ●

Seidenmalerei Tücher und Schals
(**5152**-2) Von R. Henge, 32 S., 36 Farbfotos, 1 Zeichnungen, mit Vorlagebogen in Originalgröße, kart. ●

Seidenmalerei Tiermotive
(**5204**-9) Von A. Keller, 32 S., 37 Farbfotos, mit Vorlagebogen in Originalgröße, kart. ●

Serti Designo
Seidenmalerei mit Kreidestiften
(**5208**-1) Von S. Tichy-Gibley, 32 S., 46 Farbfotos, mit Vorlagebogen in Originalgröße, kart. ●

Seidenmalerei Lampenschirme
(**5154**-9) Von I. Walter-Ammon, 32 S., 47 Farbfotos, 1 Zeichnung, mit Vorlagebogen in Originalgröße, kart. ●

Seidenmalerei Blüten, Blätter, Ranken
(**5165**-4) Von D. Kosik, 32 S., 35 Farbfotos, 4 Zeichnungen, mit Vorlagebogen in Originalgröße, kart. ●

Seidenmalerei Schmuckkarten und Miniaturbilder
(**5166**-2) Von I. Walter-Ammon, 32 S., 37 Farbfotos, 2 Zeichnungen, mit Vorlagebogen in Originalgröße, kart. ●

Akzente mit Perlen, Pailetten und Straß
Seidenmalerei
(**5248**-0) Von A. Keller, 32 S., ca. 50 Farbf., mit Vorlagebogen in Originalgröße, kart. ●

Seidenmalerei Bilder in Konturentechnik
(**5182**-4) Von I. Demharter, 32 S., 28 Farbfotos, 2 Zeichnungen, mit Vorlagebogen in Originalgröße, kart. ●

Seidenmalerei Applikationen
(**5224**-3) Von J. Bressau, 32 S., 50 Farbfotos, mit Vorlagebogen in Originalgröße, kart. ●

Apartes aus bemalter Seide
(**5274**-X) Von E. Möller, 48 Seiten, durchgehend vierfarbig, kartoniert. ●

Malen auf Seide
kinderleicht
(**5218**-9) Von R. Henge, 32 S., 11 Farbfotos, 44 Farbzeichn., Vorlagebogen, kartoniert. ●

Moderne Stoffmalerei
(**1358**-2) Von H. Sander, 64 S., 73 Farbf., 50 s/w-Zeichn., kart. ●●

Perfekt Stricken
Mit Sonderteil Häkeln.
(**4250**-7) Von H. Jaacks, 256 S., 703 Farbfotos, 169 Farb- und 121 s/w-Zeichnungen, Pappband. ●●●●

Das moderne Standardwerk
Nähen
(**4709**-6) Von S. von Rudzinski, 176 S., vierfarbig, Pappband. ●●●●

Stoffpuppen
nach alten Vorbildern
(**5281**-2) Von M. Meinesz, 48 S., durchgehend vierfarbig, mit Vorlagebogen, kart. ●

Heißgeliebte Teddys
Selbermachen · Sammeln · Restaurieren
(**0900**-3) Von H. Nadolny und Y. Thalheim, 80 Seiten, 118 Farbfotos, kartoniert. ●●●

Die hier vorgestellten Bücher, Videokassetten und Software sind in folgende Preisgruppen unterteilt:

● Preisgruppe bis DM 10,–/S 79,–/SFr 11,–
●● Preisgruppe über DM 10,– bis DM 20,–, S 80,– bis S 160,–, SFr 10,– bis SFr 21,–
●●● Preisgruppe über DM 20,– bis DM 30,–, S 161,– bis S 240,–, SFr 21,– bis SFr 30,–
●●●● Preisgruppe über DM 30,– bis DM 50,–, S 241,– bis S 400,–, SFr 30,– bis SFr 50,–
●●●●● Preisgruppe über DM 50,–/S 401,–/SFr 50,–
* (unverbindliche Preisempfehlung)

Die Preise entsprechen dem Status beim Druck dieses Verzeichnisses (s. Seite 1) – Änderungen, im besonderen der Preise, vorbehalten –

Falken-Verlag GmbH · Postfach 1120 FALKEN **D-65521 Niedernhausen/Ts. · Tel.: 0 61 27 / 70 20**

Marionetten
selbst bauen und führen
(**1043**-5) Von D. Köhnen, 80 S., 150 Farbfotos, mit Schnittmusterbogen, kartoniert. ●●

Hampelmänner
Basteln mit Kindern ab 5 Jahren
(**5240**-5) Von F. Michalski, 32 S., ca. 50 Farbabb., mit Vorlagebg. in Originalgröße, kart. ●

Künstlerpuppen
im 20. Jahrhundert
(**4719**-3) Hrsg. R. Höckh, 160 S., 192 Farbfotos, 26 s/w-Fotos, Pappband. ●●●●●

Charakterpuppen
aus Cernit und Porzellan selbst gestalten
(**1156**-3) Von S. Becker, 64 S., 143 Farbfotos, 30 Zeichnungen, 13 Vignetten, mit Schnittmusterbogen, kartoniert. ●●

Puppen zum Liebhaben
(**5199**-9) Von B. Wehrle, 32 S., 27 Farbfotos, 9 s/w-Zeichnungen, mit Vorlagebogen in Originalgröße, kartoniert. ●

Basteln mit Kindern
Moosgummi
(**5271**-5) Von A. und R. Schurr, 48 S., durchgehend vierfarbig, mit Vorlagebogen, kart. ●

Neue zauberhafte Salzteig-Ideen
(**0719**-1) Von I. Kiskalt, 80 S., 324 Farbfotos, 12 Zeichnungen, Schablonen, kart. ●●

Salzteig kinderleicht
(**0973**-9) Von I. Kiskalt, 80 S., 224 Farbfotos, 8 Zeichnungen, kartoniert. ●●

Hobby Salzteig
(**0662**-4) Von I. Kiskalt, 80 S., 150 Farbfotos, 5 Zeichnungen und Schablonen, kart. ●●

Kreatives gestalten mit Ton
Töpfern ohne Scheibe – Aufbaukeramik
(**0896**-1) Von A. Riedinger, 80 S., 207 Farbfotos, 16 Zeichnungen, 7 Vignetten, kart. ●●

Kreatives Gestalten mit Ton
Töpfern auf der Scheibe
(**0971**-2) Von A. Riedinger, 80 S., 28 Farb- und 3 s/w-Zeichnungen, 178 Farbf., kart. ●●

Kneten und Modellieren
kinderleicht
(**5217**-0) Von V. Ettelt, 32 S., 12 Farbtafeln, 72 Farbzeichnungen, Vorlagebogen, kart. ●

Hobby Glaskunst in Tiffany-Technik
(**0781**-7) Von N. Köppel, 80 S., 194 Farbfotos, 6 s/w-Abbildungen, kartoniert. ●●

Tiffany-Technik
und andere kunstvolle Arbeiten in Glas
(**0972**-0) Von D. Köhnen, 80 S., 176 Farbfotos, 5 s/w-Zeichnungen, kartoniert. ●●

Ikebana
Grundstile und Variationen
(**4749**-5) Von E. Schwalm, 112 Seiten, ca. 165 Farbfotos, 43 Grafiken, 2 Tabellen, gebunden. ●●●●

Dekorieren und Gestalten mit Naturmaterialien
rund ums Jahr
(**4748**-7) Von E. Dommershausen u.a., 128 S., ca. 200 Farbf. und -zeichnungen, geb. ●●●

Masken
phantasievoll dekorieren
(**5155**-7) Von Chr. Familler, 32 S., 48 Farbf., mit Vorlagebg. in Originalgröße, kart. ●

Laubsägearbeiten für das Kinderzimmer
(**5245**-6) Von H.-P. Krafft, 32 S., ca. 50 Farbf., mit Vorlagebg. in Originalgröße, kartoniert. ●

Schwingtiere aus Holz gestalten
(**5222**-7) Von der Arbeitsgem. Werken, 32 S., 50 Farbfotos, mit Vorlagebogen in Originalgröße, kartoniert. ●

FALKEN Video
Drachen
bauen und fliegen
(**6141**-2) VHS, ca. 45 Min., in Farbe, mit Broschüre. ●●●●*

Drachen
bauen und steigen lassen.
(**0767**-1) Von W. Schimmelpfennig, 80 Seiten, 1 dreiseitige Ausklapptafel, 55 Farbfotos, 139 Zeichnungen, kart. ●●●

Lenkdrachen
bauen und fliegen
(**1011**-7) Von W. Schimmelpfennig, 64 Seiten, 51 Farbf. und 126 Zeichnungen, kart. ●●

Neue Lenkdrachen und Einleiner
bauen und fliegen
(**1353**-1) Von W. Schimmelpfennig, 80 Seiten, 54 Farbf., 95 Farbzeichn., kart. ●●●

Drachen
Einfache Modelle für Kinder
(**5156**-5) Von W. Schimmelpfennig, 32 Seiten, 11 Farbfotos, 31 Zeichnungen, mit Vorlagebogen, kartoniert. ●

Basteln mit Kleinkindern
ab 3 Jahren
(**4747**-9) Von W. Kottke und I. Hübers-Kemink, 128 Seiten, über 200 Farbabbildungen, mit Vorlagebogen, gebunden. ●●●

Das goldene Bastelbuch für Kinder
(**4769**-X) Von U. Barff (Hrsg.), 336 Seiten, durchg. vierf., mit 2 Vorlagebogen, geb. ●●●

Basteln mit Kindern
Dinos & Drachen
(**5279**-0) Von G. Reinscheid, 48 Seiten, durchgehend vierfarbig, mit Vorlagebogen, kart. ●

Basteln mit Kindern
Fensterbilder Ritter und Burgen
(**5284**-7) Von D. Köhnen, 48 Seiten, durchgehend vierfarbig, mit Vorlagebogen, kart. ●

Das große farbige
Bastelbuch für Kinder
(**4254**-X) Von U. Barff, I. Burkhardt, J. Maier, 224 S., 157 Farbf., 430 Farb- und 60 s/w-Zeichn., m. Schnittmusterbg., Pappband. ●●●

Origami
Tiere aus aller Welt
(**5250**-2) Von J. Maier, 32 Seiten, 19 Farbfotos, 68 Farb- u. 16 s/w-Zeichnungen, kartoniert. ●

Hobby Origami
Papierfalten für groß und klein
(**0756**-6) Von Z. Aytüre-Scheele, 80 Seiten, 820 Farbfotos, kartoniert. ●●

Neue zauberhafte Origami-Ideen
Papierfalten für groß und klein
(**0805**-8) Von Z. Aytüre-Scheele, 80 Seiten, 720 Farbfotos, kartoniert. ●●

Zauberwelt Origami
Tierfiguren aus Papier
(**1045**-1) Von Z. Aytüre-Scheele, 80 Seiten, 660 Farbfotos, kartoniert. ●●

Kreatives Gestalten mit **Papiermaché**
(**5246**-4) Von B. Jetzek-Berkenhaus, 32 S., ca. 50 Farbfotos, mit Vorlagebogen in Originalgröße, kartoniert. ●

Marmorieren
Muster · Techniken · Gestaltungsideen
(**5247**-2) Von T. Hartel, 32 S., ca. 50 Farbfotos, mit Vorlagebg. in Originalgröße, kart. ●

Heut basteln wir mit Pappe und Papier
(**4413**-5) Von U. Barff, J. Maier, 224 Seiten, 117 Farbfotos, 480 Farbzeichn., 25 s/w-Abb., mit Schnittmusterbogen, Pappband. ●●●

Das große farbige Bastel- und Werkbuch
(**4439**-9) Von D. Rex, 256 S., 999 Farbfotos, 33 Farbzeichnungen, Pappband. ●●●●

Mein liebstes Spiel- und Bastelbuch
Die Welt der Dinosaurier
Tiere und Landschaften zum Selbermachen
Ausbrechen, aufstellen, spielen
(**4478**-X) Von B. Burkart, 8 Blatt mit herauslösbaren Motiven, 280-g-Karton mit Stanzung, 8 S. Bastelanl. und Sachinformation. ●●

Das große farbige
Dinosaurierbastelbuch
(**4686**-3) Von S. Koter, 128 S., 87 Farbfotos, 71 Farbzeichn., Vorlagebogen, Pappbd. ●●●

Fensterbilder in Scherenschnitt
(**5169**-7) Von A. Hahn, 32 Seiten, 52 Farbfotos, 3 s/w-Fotos, mit Vorlagebogen in Originalgröße, kartoniert. ●

Fensterbilder
Meine Lieblingstiere
(**5197**-2) Von Y. Thalheim, H. Nadolny, 32 Seiten, 38 Farbfotos, mit Vorlagebogen in Originalgröße, kartoniert. ●

Fensterbilder Enten und Gänse
(**5278**-2) Von D. Köhnen, 48 Seiten, durchgehend vierfarbig, mit Vorlagebogen, kart. ●

Fensterbilder Lustige Tiere
(**5210**-3) Von F. Michalski, 32 S., 47 Farbfotos, mit Vorlagebogen in Originalgröße, kart. ●

Fensterbilder Bauernhof
(**5264**-2) Von D. Köhnen, 48 Seiten, 44 Farbfotos, Vorlagebogen, kartoniert. ●

Fensterbilder Dinosaurier
(**5260**-X) Von C. Hüfner, 32 S., 8 Farbfotos, 47 Farbzeichnungen, Bastelbogen, kart. ●

Basteln mit Kindern
Fensterbilder Ritter und Burgen
(**5284**-7) Von D. Köhnen, 48 Seiten, durchgehend vierfarbig, mit Vorlagebogen, kart. ●

Mit Farben und Papieren
Fenster dekorieren
(**5255**-3) Von K. Groß, 32 Seiten, 8 Farbfotos, 59 Farbzeichnungen, kartoniert. ●

Basteln mit Kindern
Große Fensterbilder
(**5276**-6) Von D. Köhnen, 48 Seiten, durchgehend vierfarbig, mit Vorlagebogen, kart. ●

Originelle Fensterbilder
aus Tonpapier und Tonkarton
(**1305**-1) Von D. Köhnen, 64 Seiten, 70 Farbfotos, kartoniert. ●●

Die schönsten Fensterbilder
(**1066**-4) Von C. Kimmerle, 64 S., 100 Farbfotos, 7 Zeichnungen, kartoniert. ●●

Das Fensterbilder-Alphabet
Basteln mit Kindern ab 5 Jahren
(**5242**-1) Von E. Bohne, 32 S., ca. 50 Farbabb., mit Vorlagebogen in Originalgröße, kart. ●

Märchenhafte Fensterbilder
(**5185**-9) Von J. Maier, 32 S., 37 Farbfotos, mit Vorlagebogen in Originalgröße, kart. ●

Fensterbilder Blumen und Tiere
(**5186**-7) Von M. Twachtmann, 32 Seiten, 41 Farbfotos, 3 Zeichnungen, mit Vorlagebogen in Originalgröße, kartoniert. ●

Fensterbilder rund um die Welt
(**1411**-2) Von D. Köhnen, 64 Seiten, Vorlagebogen, 66 Farbfotos, kartoniert. ●●

Fensterbilder Zahlen
(**5268**-5) Von E. Bohne, 32 S., zahlr. Farbabbildungen, Vorlagebogen, kartoniert. ●

Fensterbilder Strand und Meer
(**5266**-9) Von B. Alex, 32 S., 57 Farbfotos, Vorlagebogen, kartoniert. ●

Fensterschmuck
Originelle Ideen für Dekorationen und Fensterbilder
(**1241**-1) Von D. Köhnen, 64 S., ca. 70 Farbfotos, Vorlagebogen, kartoniert. ●●

Klassisches Origami
Asiatische Faltkunst für Fortgeschrittene
(**1454**-6) Von P. D. Tuyen, ca. 80 Seiten, ca. 600 farbige Abbildungen, kartoniert. ●●

Sticker
Bastelspaß mit bunten Bildern
(**5270**-7) Von D. Dieterle und J. Reick, 48 S., 73 Farbfotos, mit Vorlagebogen, kartoniert. ●

Papierflieger
(**5157**-3) Von T. Gött, 32 S., 73 Farbf., 19 Zeichn., mit Vorlagebogen in Originalgröße, kart. ●

Windspielzeug
Bastelspaß mit Kindern ab 5 Jahren
(**5241**-3) Von D. Köhnen, 32 S., ca. 50 Farbabb., mit Vorlagebg. in Originalgröße, kart. ●

Flieger und Schiffe aus Papier
falten, ausbalancieren und steuern
(**1410**-4) Von C. Hüfner, ca. 80 Seiten, zahlr. Farbabbildungen, kartoniert. ●●

Faltschnitte
(**5257**-X) Von B. Blankenburg, 32 S., 12 Farbf., 42 Farbzeichn., Vorlagebogen, kartoniert. ●

Laternen und Lampions
(**5206**-5) Von C. Hüfner, 32 S., 60 Farbfotos, mit Vorlagebogen in Originalgröße, kart. ●

Mobiles aus Papier
(**5183**-2) Von J. Maier, 32 S., 17 Farbfotos, 35 Farbzeichnungen, mit Vorlagebogen in Originalgröße, kartoniert. ●

Tiermobiles
(**5258**-8) Von C. Hüfner, 32 Seiten, 57 Farbzeichnungen, Vorlagebogen, kartoniert. ●

Sonne, Mond und Sterne
Motive und Geschenkideen
(**5282**-0) Von D. Köhnen, 48 Seiten, durchgehend vierfarbig, mit Vorlagebogen, kart. ●

Bastelideen für Indianerspiele
(**5252**-9) Von B. Nelich, D. Velte, 32 Seiten, 38 Farbfotos, Vorlagebogen, kartoniert. ●

Der große Verkleidungsspaß
Kinderkostüme
(**1304**-3) Von C. Baumgarten, 53 Farbfotos, 183 Farbzeichn., Vorlagebogen, kart. ●●

Lustige Geschenk- und Schultüten
(**5263**-4) Von F. Michalski, 32 Seiten, 26 Farbfotos, Vorlagebogen, kartoniert. ●

Deco Art
Die Kunst, Geschenke zu verpacken
(**0949**-6) Von B. Niermann, 80 S., 78 Farbfotos, 191 Zeichnungen, kartoniert. ●●

Geschenke wunderschön verpacken
(**1113**-X) Von P. Jansen, 80 S., 79 Farbfotos, 166 Farbzeichnungen, kartoniert. ●●

Geschenke umweltfreundlich verpacken
(**1240**-3) Von P. Jansen, 64 S., vierfarbige Fotos und Illustrationen, kartoniert. ●●

Geldgeschenke
phantasievoll gestalten
(**5251**-0) Von P. Jansen, 32 Seiten, 49 Farbfotos, Vorlagebogen, kartoniert. ●

Geldgeschenke · Gutscheine · Geschenkanhänger
originell gestalten und verpacken
(**1115**-6) Von S. Haenitsch-Weiß, A. Weiß, 80 Seiten, 176 Farbfotos, kartoniert. ●●

Geschenke verpacken für Kinderfeste
(**5195**-6) Von C. Netolitzky, 32 S., 43 Farbfotos, mit Vorlagebogen in Originalgröße, kart. ●

Originelles Ambiente für Gäste
Festdekorationen
(**1049**-4) Von B. Niermann, 80 S., 125 Farbfotos, 59 Farbzeichn., kartoniert. ●●

Origineller Bastelspaß rund ums Herz
Motive und Geschenkideen
(**5272**-3) Von D. Köhnen, 48 Seiten, durchgehend vierfarbig, mit Vorlagebogen, kart. ●

Dekorative Schleifen
aus Bändern und Papier
(**5205**-7) Von M. Schorege, 32 S., 28 Farbfotos, 31 Farbzeichnungen, mit Vorlagebogen in Originalgröße, kartoniert. ●

Dekorieren und Arrangieren mit
Seidenblumen
(**5200**-6) Von M. L. Sprang, 32 S., 37 Farbfotos, 14 Farbzeichnungen, mit Vorlagebogen in Originalgröße, kartoniert. ●

Schmuck- und Glückwunschkarten
Papierarchitektur · Collagen · Faltschnittkarten
(**1114**-8) Von C. Sanladerer, 64 S., 55 Farbfotos, 31 Zeichnungen, kartoniert. ●●

Einladungs-, Tisch- und Menükarten
selbst gestalten
(**1302**-7) Von S. Haenitsch-Weiß, 80 Seiten, zahlreiche Farbabbildungen, kartoniert. ●●

Basteln mit Kindern
Moosgummi
(**5271**-5) Von A. und R. Schurr, 48 Seiten, durchgehend vierfarbig, mit Vorlagebogen, kartoniert. ●

Originell und Modern
Moosgummi
(**1354**-X) Von S. Boczkowski-Sigges, 56 Seiten, 92 Farbfotos, kartoniert. ●●

Osterschmuck
Neue Ideen für Kränze, Sträuße, Gestecke
(**5267**-7) Von I. Gleim, ca. 32 Seiten, zahlr. Farbabbildungen, kartoniert. ●

Basteln mit Kindern für
Ostern
(**5283**-9) Von V. Ettelt u.a., 48 Seiten, 12 Farbf., 83 Farbzeichnungen, mit Vorlagebg., kart. ●

Ostereier originell dekorieren
(**5219**-7) Von W. Velte, 32 S., 44 Farbfotos, mit Vorlagebogen in Originalgröße, kart. ●

Fensterbilder für die Osterzeit
(**5244**-8) Von R. Lübke, D. Lübke, 32 S., ca. 50 Farbf., mit Vorlagebg. in Originalg., kart. ●

Basteln für Ostern
(**5164**-6) Von Chr. Adjano, 32 S., 47 Farbfotos, mit Vorlagebogen in Originalgröße, kart. ●

Ostereier
Basteln mit Kindern ab 5 Jahren
(**5243**-X) Von Vera Ettelt, 32 Seiten, mit Spielebogen, kartoniert. ●

Tischdekorationen für Ostern
(**5220**-0) Von Chr. Adjano, 32 S., 49 Farbfotos, mit Vorlagebogen in Originalgröße, kart. ●

Basteln und dekorieren für
Advent und Weihnachten
(**4446**-1) Von G. Teusen, C. Netolitzky, 176 S., 285 Farbf., mit Bastelvorlagebg., Pappb. ●●●

Kinderbastelbuch
für Advent und Weihnachten
(**4687**-1) Von S. Wetzel-Maesmanns, 104 S., ca. 120 Farbfotos, ca. 300 Anleitungsillustrationen, Vorlagebogen, Pappband. ●●

Lustige Bastelideen für die
Weihnachtszeit
(**5256**-1) Von B. Löschenkohl, 32 S., 8 Farbfotos, 69 Farbzeichn., Vorlagebogen, kart. ●

Basteln für Weihnachten
(**5162**-X) Von Chr. Adjano, 32 S., 44 Farbfotos, mit Vorlagebogen in Originalgröße, kart. ●

Fensterbilder Winter und Weihnachten
(**5275**-8) Von F. Michalski, 48 S., 57 Farbfotos, Vorlagebogen, kartoniert. ●

Fensterdekorationen für die Weihnachtszeit
(**5181**-6) Von Y. Thalheim, H. Nadolny, 32 S., 33 Farbfotos, mit Vorlagebogen in Originalgröße, kartoniert. ●

Fensterbilder für Advent und Weihnachten
(**5211**-1) Von M. Schorege, 32 S., 24 Farbf., 15 Zeichn., mit Vorlagebg. in Originalg., kart. ●

Strohsterne
in bunter Vielfalt
(**5273**-1) Von M. Schorege, 48 S., 46 Farbfotos, Vorlagebogen, kartoniert. ●

Duftender Weihnachtsschmuck
aus Tonpapier und Potpourris
(**5254**-1) Von S. Wetzel-Maesmanns, 32 Seiten, 38 Farbfotos, Vorlagebogen, kartoniert. ●

Duftsträuße und Potpourris
(**1239**-X) Von A. Effelsberg, 80 Seiten, ca. 200 vierfbg. Abbildungen, kartoniert. ●●

Potpourris
Rezepturen und Geschenkideen
(**5265**-0) Von U. Altmann, 32 Seiten, 53 Farbfotos, kartoniert. ●

Trockenblumen
Gewürzsträuße, Gestecke, Kränze, Buketts
(**0643**-8) Von R. Strobel-Schulze, 88 Seiten, 170 Farbfotos, kartoniert. ●●

Phantasievolles Schminken
Verzauberte Gesichter für Maskeraden, Laienspiele und Kinderfeste
(**0907**-0) Hrsg.: H. u. Y. Nadolny, 64 Seiten, 227 Farbfotos, kartoniert. ●●

Schminken für Kinder
(**5177**-8) Von Y. Thalheim, H. Nadolny, 32 S., 68 Farbfotos, mit Vorlagebogen in Originalgröße, kartoniert. ●

Do it yourself und Technik

Moderne Fotopraxis
(**4401**-1) Von G. Koshofer, Prof. H. Wedewardt, 224 S., 363 Farbfotos, 106 s/w-Fotos, 5 Farb- und 24 s/w-Zeichnungen, Pappband. ●●●●

So macht man bessere Fotos
(**1158**-X) Von G. Koshofer, 144 S., 259 Farbfotos, 25 s/w-Fotos, kartoniert. ●●

So macht man bessere Kinderfotos
(**1459**-7) Von G. Koshofer, ca. 120 Seiten, ca. 260 farbige Abbildungen, kartoniert. ●●●

Kodak Photo CD
Bilder archivieren, bearbeiten, präsentieren
(**4388**-0) Von H. Freund, ca. 176 Seiten, durchgehend vierfarbig, kartoniert. ●●●

Videografieren
Filmen mit Video 8. Technik – Bildgestaltung – Schnitt – Vertonung.
(**0843**-0) Von M. Wild, K. Möller, 120 Seiten, 101 Farbfotos, 22 s/w-Fotos, 52 Zeichnungen, kartoniert. ●●●

Videografieren perfekt
Profitricks für Aufnahmetechnik und Nachbearbeitung
(**0969**-0) Von W. Schild, 120 S., 144 Farbabbildungen, 5 s/w-Zeichnungen, kart. ●●●

Besser VIDEOfilmen
Moderne Technik für perfekte Videos
(**1458**-9) Von W. Schild, ca. 160 Seiten, zahlreiche Farbabbildungen, kartoniert. ●●●

Videofilmen wie ein Profi
Technik · Motive · Filmaufbau · Nachbearbeitung
(**4506**-9) Von T. Pehle, 232 S., 444 Farbfotos, 61 zweifbg. Zeichnungen, Pappband. ●●●●

Do it yourself
Heimwerken
(**4117**-9) Von T. Pochert, 456 S., 1103 Farbfotos, 100 Farbabb., Pappband. ●●●●

Drechseln
Material · Technik · Beispiele
(**1306**-X) Von O. Maier, 72 S., 195 Farbabbildungen, 14 s/w-Zeichnungen, kartoniert. ●●

Do it yourself
Dachgeschoß- und Innenausbau
(**1243**-8) Von M. Maurer, 96 S., 314 Farbfotos, 35 Zeichn., kartoniert. ●●

Do it yourself
Sanitärinstallationen
(**1118**-0) Von W. Kawlath, 96 Seiten, 214 Farbabbildungen, kartoniert. ●●

Do it yourself
Metall bearbeiten
(**1119**-9) Von O. Maier, 96 S., 230 Farbfotos, 6 s/w-Zeichnungen, kartoniert. ●●

Do it yourself
Elektroarbeiten
(**0975**-5) Von K. H. Schubert, 120 S., 193 Farbfotos, 40 Zeichnungen, kartoniert. ●●

Möbel im Designer-Stil
entwerfen und bauen
(**1360**-4) Von H.-W. Bastian, ca. 64 Seiten, zahlr. Farbabbildungen, kartoniert. ●●●

Möbel für Kinderzimmer und Wohnbereich
(**1456**-2) Von H.-W. Bastian, 80 Seiten, vierfarbig, kartoniert. ●●

Schnitzen
Hölzer · Muster · Werkzeuge
(**1414**-7) Von O. Maier, ca. 64 Seiten, zahlr. Farbabbildungen, kartoniert. ●●

Modellbauelektronik
Fernsteuerungen für Autos, Schiffe, Flugzeuge
(**1361**-2) Von W. Kawlath, 80 Seiten, zahlr. Farbabbildungen, kartoniert. ●●

Alarmanlagen
für Wohnung, Haus, Auto
(**1308**-6) Von H.-W. Bastian, 64 Seiten, 81 Farbfotos, 32 Zeichnungen kartoniert. ●●

Solarstromanlagen
bauen und installieren
(**1457**-0) Von P. Röbke-Doerr, E. Steffens, ca. 80 Seiten, ca. 200 farbige Abbildungen, kartoniert. ●●

Hifi-Boxen
(**1307**-8) Von U. Hilgefort, 96 S., 160 Farbfotos, 49 Zeichnungen, kartoniert. ●●

Technik im Garten
Pumpen · Filter · Beleuchtung
(**1238**-1) Von H.-W. Bastian, 64 S., 90 Farbfotos, 17 Farbzeichnungen, kartoniert. ●●

Restaurieren von Möbeln
Stilkunde, Materialien, Techniken, Arbeitsanleitungen in Bildfolgen.
(**4120**-9) Von E. Schnaus-Lorey, 152 S., 37 Farbf., 75 s/w-Fotos, 352 Zeichn., Pappbd. ●●●●

Elektronik als Hobby
Von der Grundlagenschaltung zum integrierten Schaltkreis
Mit 8 wichtigen Universalplatinen
(**4293**-0) Von W. Priesterath, 264 S., 80 s/w-Fotos, 128 Zeichn., Pappband. ●●●●

Die Super-Sportwagen der Welt
(**4423**-2) Von H. G. Isenberg, 194 S., 184 Farbfotos, 4 farbige Ausklapptafeln, 32 s/w-Fotos, Pappband. ●●●●

Die Super-Rennwagen der Welt
(**4707**-X) Von H. G. Isenburg, 194 Seiten, 189 Farbf., 31 s/w-Fotos, Pappband. ●●●●

Die Super-Trucks der Welt
(**4257**-4) Von H. G. Isenberg, 194 Seiten, 205 Farbfotos, 87 s/w-Fotos, 7 Farbzeichn., 4 farbige Ausklapptafeln, Pappbd. ●●●●

Die Super-Motorräder der Welt
(**4193**-4) Von H. G. Isenberg, 192 Seiten, 170 Farb- und 100 s/w-Fotos, 8 Zeichnungen, Pappband. ●●●●

Die Super-Eisenbahnen der Welt
(**4287**-6) Von W. Kosak, H. G. Isenberg, 224 S., 269 Farbfotos, 79 s/w-Fotos, 8 Vignetten, 5 farbige Ausklapptafeln, Pappband. ●●●●

Die Super-Dampfloks der Welt
(**4480**-1) Von H. Faust, H. G. Isenberg, 194 Seiten, 193 Farbfotos, mit vier Ausklapptafeln, Pappband ●●●●

Plastikmodellbau
Autos, Schiffe, Flugzeuge in vollendeter Technik.
(**1116**-4) Von W. Kawlath, 96 Seiten, 272 Farbabbildungen, kartoniert. ●●

Spiele und Denksport

Spielbare Witze für Kinder
(**0824**-4) Von H. Schmalenbach, 112 Seiten, 30 Zeichnungen, kartoniert. ●

Neue spielbare Witze für Kinder
(**1173**-3) Von H. Schmalenbach, 96 Seiten, 31 Zeichnungen, kartoniert. ●

Scherzfragen, Drudel und Blödeleien
gesammelt von Kindern.
(**0506**-7) Hrsg. von W. Pröve, 80 Seiten, 57 Zeichnungen, kartoniert. ●

Spiele mit Papier und Bleistift
(**2044**-9) Von K.-H. Koch, ca. 96 Seiten, kartoniert. ●

Der Elefant in meiner Hand …
Fingerspiele
für Kinder vom Baby – bis zum Grundschulalter
(**2043**-0) Von G. Falkenberg, 72 Seiten, 146 Farbzeichnungen, kartoniert. ●

Kinderspiele
die Spaß machen
(**2009**-0) Von H. Müller-Stein, 104 Seiten, 28 Abbildungen, kartoniert. ●

Kinderspiele mit Buchstaben und Wörtern
(**1041**-9) Von Dr. U. Vohland, 96 Seiten, 54 Zeichnungen, kartoniert. ●

Spiel und Spaß am Krankenbett
für Kinder und die ganze Familie
(**2035**-X) Von H. Bücken, 96 Seiten, 97 Zeichnungen, kartoniert. ●

Spiele im Freien
(**2038**-4) Von G. Wagner, 88 S., 20 zweifbg.-Zeichnungen, kartoniert. ●

Spiel und Spaß zu Hause
(**2039**-2) Von U. Geißler, 80 S., 90 zweifbg. Abbildungen, kartoniert. ●

Spiel und Spaß auf Reisen
Für Kinder und die ganze Familie
(**1085**-0) Von U. Geißler, 80 S., 107 zweifbg.-Zeichnungen, kartoniert. ●

Kleine Spiele ganz groß
(**1330**-2) Von U. Vohland, 80 Seiten, 93 s/w-Zeichnungen, kart. ●

Entdeckungsspiele für die ganze Familie
Rallyes zu Fuß und mit dem Fahrrad
(**1393**-0) Von U. Vohland, 96 S., 117 Zeichnungen, kartoniert. ●●

Kinder spielen Theater
(**4696**-0) Von G. Walter, 160 S., 48 Farbfotos, 229 Farbzeichnungen, Pappband. ●●●

Guten Tag, Kinder!
Neue Texte mit Spielanleitungen fürs Kasperletheater.
(**0861**-9) Von U. Lietz, 96 S., 18 s/w-Zeichnungen, kartoniert. ●

Kasperletheater
Spieltexte und Spielanleitungen · Basteltips für Theater und Puppen.
(**0641**-1) Von U. Lietz, 114 Seiten, 4 Farbtafeln, 12 s/w-Fotos, 39 Zeichnungen, kartoniert. ●●

Kindergeburtstage, die keiner vergißt
Planung, Gestaltung, Spielvorschläge.
(**0698**-5) Von G. und G. Zimmermann, 104 S., 80 Vignetten, kartoniert. ●

Kindergeburtstag
Vorbereitung, Spiel und Spaß.
(**0287**-4) Von Dr. I. Obrig, 136 S., 40 Abb., 11 Zeichn., 9 Lieder mit Noten, kart. ●●

Unvergeßliche Kindergeburtstage
(**4705**-3) Von G. Hennekemper, 176 S., 116 Farbfotos, 134 Farbzeichn., Pappband. ●●●

Unvergeßliche Kinderpartys
Tolle Ideen für Einladungen, Dekorationen und Spiele
(**4756**-8) Von V. Mirschel, 112 S., zahlreiche Farbfotos und -zeichnungen, gebunden. ●●●

Unvergeßliche Kinderfeste
Tolle Dekorationen, Spiele, Sketche für drinnen und draußen
(**4457**-7) Von Dr. G. Hennekemper, 192 S., 111 Farbfotos, 214 Farb- und 14 s/w-Zeichnungen, 4 S. Schnittmuster, Pappband. ●●●

Spielen mit den Allerkleinsten
(**4691**-X) Von S. Horak, 128 S., 47 Farbfotos, Pappband. ●●●

Lauter tolle Sachen, die Kinder gerne machen
(**4731**-2) Hrsg. U. Barff., 352 S., 117 Farbfotos, 778 Farbzeichnungen, Pappband. ●●●●

Das große bunte Spielebuch
für Kinder von 2 bis 6 Jahren
(**4543**-3) Von R. Grabbet, 160 S., 312 Farbabbildungen, Pappband. ●●●

Mein kunterbuntes Ratebuch
Rätselspiele mit Bildern und Wörtern für Kinder von 7 bis 10 Jahren
(**4697**-9) Von D. und R. Zey, ca. 144 Seiten, durchgehend vierfarbig, gebunden. ●●●

Neues Buch der siebzehn und vier Kartenspiele
(**0095**-2) Von K. Lichtwitz, 96 S., kartoniert. ●

Alles über Pokern
Regeln und Tricks.
(**2024**-4) Von C. D. Grupp, 112 S., 29 Kartenbilder, kartoniert. ●

Rommé und Canasta
in allen Variationen.
(**2025**-2) Von C. D. Grupp, 88 S., 24 Zeichnungen, kartoniert. ●

Doppelkopf, Schafkopf, Binokel, Cego, Tarock und andere Stammtischspiele.
(**2015**-5) Von C. D. Grupp, 112 S., kartoniert. ●

Das Skatspiel
Eine Fibel für Anfänger
(**0206**-8) Von K. Lehnhoff, 96 S., kartoniert. ●

Spielend Skat lernen
unter freundlicher Mitarbeit des Deutschen Skatverbandes
(**2005**-8) Von Th. Krüger, 120 Seiten, 181 s/w-Fotos, 22 Zeichnungen, kart. ●●

Patiencen
in Wort und Bild. (**2003**-1) Von I. Wolter-Rosendorf, 120 Seiten, kartoniert. ●

Neue Patiencen
(**2036**-8) Von H. Sosna, 160 Seiten, 43 Farbtafeln, kartoniert. ●●

Spielend Bridge lernen
(**2012**-0) Von J. Weiss, 96 Seiten, 58 Zeichnungen, kartoniert. ●

Spieltechnik im Bridge
(**2004**-X) Von V. Mollo und N. Gardener, dt. Adaption von D. Schröder, 152 S., kart. ●●●

Neue Kartentricks
(**2027**-9) Von K. Pankow, 104 Seiten, 20 Abbildungen, kartoniert. ●

Das japanische Brettspiel Go
(**2020**-1) Von W. Dörholt, 104 S., 182 Diagramme, kart. ●

Spielend Go lernen
(**2041**-4) Von H. Otake, S. Futakuchi, 192 S., 615 s/w-Zeichnungen, kartoniert. ●●

Mah-Jongg
Das chinesische Glücks-, Kombinations- und Gesellschaftsspiel. (**2030**-9) Von U. Eschenbach, 80 S., 30 s/w-Fotos, 5 Zeichn., kart. ●

Backgammon
für Anfänger und Könner. (**2008**-2) Von G. W. Fink und G. Fuchs, 104 S., 41 Abb., kart. ●

Einführung in das Schachspiel
(**0104**-5) Von W. Wollenschläger und K. Colditz, 112 S., 116 Diagramme, kartoniert. ●

Schach, das königliche Spiel
Von den Grundzügen zum strategischen Spiel.
(**1105**-9) Von T. Schuster, 192 S., 302 Diagramme, kart. ●●

Spielend Schach lernen
(**2002**-3) Von T. Schuster, 96 S., , kartoniert. ●

Kinder- und Jugendschach
Offizielles Lehrbuch des Deutschen Schachbundes zur Erringung der Bauern-, Turm- und Königsdiplome.
(**0561**-X) Von B. J. Withuis, H. Pfleger, 144 S., 220 Zeichnungen und Diagramme, kart. ●●

Zug um Zug
Schach für jedermann 1
Offizielles Lehrbuch des Deutschen Schachbundes zur Erringung des Bauerndiploms.
(**0648**-9) Von H. Pfleger, E. Kurz, 80 Seiten, 24 s/w-Fotos, 8 Zeichnungen, 60 Diagramme, kartoniert. ●●

Zug um Zug
Schach für jedermann 2
Offizielles Lehrbuch des Deutschen Schachbundes zur Erringung des Turmdiploms.
(**0659**-4) Von H. Pfleger, E. Kurz, 128 Seiten, 7 s/w-Fotos, 13 Zeichnungen, 78 Diagramme, kartoniert. ●●

Zug um Zug
Schach für jedermann 3
Offizielles Lehrbuch des Deutschen Schachbundes zur Erringung des Königsdiploms.
(**0728**-0) Von H. Pfleger, G. Treppner, 128 S., 4 s/w-Fotos, 84 Diagr., 10 Zeichn., kart. ●●

Schach für Fortgeschrittene
Taktik und Probleme des Schachspiels
(**0219**-X) Von R. Teschner, 88 Seiten, 85 Diagramme, kartoniert. ●

Neue Schacheröffnungen
(**0478**-8) Von T. Schuster, 104 Seiten, 100 Diagramme, kartoniert. ●

Würfelspiele
für jung und alt. (**2007**-4) Von F. Pruss, 112 S., 21 s/w-Zeichnungen, kartoniert. ●

Roulette richtig gespielt
Systemspiele, die Vermögen brachten.
(**0121**-5) Von M. Jung, 96 S., zahlreiche Tabellen, kartoniert. ●

Spiele für Party und Familie
(**2014**-7) Von Rudi Carrell, 80 S., 22 Zeichnungen, kartoniert. ●

Neue Spiele für Ihre Party
(**2022**-8) Von G. Blechner, 120 S., 54 Zeichnungen, kartoniert. ●

Lustige Tanzspiele und Scherztänze
für Partys und Feste.
(**0165**-7) Von E. Bäulke, 80 S., 53 Abb., kart. ●

Das Spiel mit der Schwerkraft
Jonglieren
Mit Bällen, Keulen, Ringen und Diabolo.
(**1009**-5) Von S. Peter, 80 S., 149 Farbfotos, kartoniert. ●

Zaubern
einfach – aber verblüffend.
(**2018**-X) Von D. Bouch, 84 Seiten, 41 Zeichnungen, kartoniert. ●

Tips, Tricks und Gewinnstrategien für Game-Boy-Spiele
(**1235**-7) Von René Zey, 176 Seiten, 100 Zeichnungen, kartoniert. ●●

Neue Game-Boy-Spiele
Sport, Action und Adventure
(**1325**-6) Von R. Zey, 176 Seiten, 21 s/w-Zeichnungen, kartoniert. ●●

Alles über Super-Nintendo-Spiele
Technik, Tips und Facts
(**1340**-X) Von D. Mark, 104 S., zahlreiche Farbabbildungen, kartoniert. ●●

Das 3. Glücksrad Rätselbuch
(**1391**-4) 160 Seiten, kartoniert. ●●

Rätselspiele
Quiz- und Scherzfragen für gesellige Stunden
(**1270**-5) Von K. H. Schneider, ca. 80 Seiten, ca. 80 s/w-Abbildungen, kartoniert. ●

Knobeleien und Denksport
(**2019**-8) Von K. Rechberger, 142 Seiten, 105 Zeichnungen, kartoniert. ●

So feiert man Feste fröhlicher
Heitere Vorträge und Gedichte
(**0098**-7) Von Dr. Allos, 96 Seiten, 15 Abbildungen, kartoniert. ●

Die große Lachparade
Neue Texte für heitere Vorträge und Ansagen
(**0188**-6) Von E. Müller, 80 S., kartoniert. ●

Rat und Wissen

Der gute Ton
in Gesellschaft und Beruf.
(**0063**-4) Von I. Wolter, 80 S., 42 s/w-Fotos, 7 Zeichnungen, kartoniert. ●

Der gute Ton
im Privatleben.
(**1111**-3) Von I. Wolter, bearbeitet von Wolf Stenzel, 104 S., 42 s/w-Abbildungen, kart. ●

Umgangsformen heute
Die Empfehlungen des Fachausschusses für Umgangsformen.
(**4015**-6) 252 S., 108 s/w-Fotos, 17 Zeichnungen, Pappband. ●●●

Abc der modernen Umgangsformen
(**4754**-1) Von I. Wolff, ca. 300 Seiten, zahlreiche Abbildungen, gebunden. ●●●

Benehmen bei Tisch
(**0988**-7) Von I. Cording, 80 S., 90 Farbfotos, 5 s/w-Zeichnungen, kartoniert. ●●

Krawatten
Fliegen, Schals und Tücher gekonnt binden
(**1072**-9) Von Y. Thalheim, H. Nadolny, 48 S., 129 Farbfotos, 1 s/w-Foto, Pappband. ●

freundin
Farbberatung
Alle Farben, die Ihnen wirklich stehen
(**4520**-4) Von Chr. Buscher, 128 Seiten, 175 Farbfotos, Pappband. ●●●●

freundin
Das perfekte Make-up
(**4727**-4) Von M. Rüdiger, H. Kirchberger, G. Mergenburg, 128 Seiten, 271 Farbfotos, Pappband. ●●●●

freundin
Der große Ratgeber
Body Fitness
Diät · Pflege · Bräune · Gymnastk · Anti-Cellulite-Programm
(**4758**-4) Von M. Bückmann u.a., ca. 128 S., durchgehend vierfarbig, gebunden. ●●●●

freundin Ratgeber
Hochzeit feiern
(**4702**-2) Von C. von Hoerner-Nitsch, I. Weber, K. Riebartsch, C. von Bernuth, 128 Seiten, 188 Farbfotos., 28 s/w-Fotos, Pappbd. ●●●●

freundin
Typ & Frisur
(**4695**-2) Von E. Bolz, 128 S., 219 Farbfotos, Pappband. ●●●●

Gedichte, Reden und Sketche
für grüne, silberne u. goldene Hochzeitstage
(**1269**-1) Von F. Rieder, 160 S., durchgehend vierfarbig, Pappband. ●●

Von der Verlobung zur Goldenen Hochzeit
(**0393**-5) Von E. Runge, 112 Seiten, kartoniert. ●

Hochzeitszeitungen
Tolle Ideen für Leute von heute
(**1379**-5) Von Y. Thalheim, 80 S., 160 zweifbg. Abbildungen, kartoniert. ●●

Die Silberhochzeit
Vorbereitung · Einladung · Geschenkvorschläge · Dekoration · Festablauf · Menüs · Reden · Glückwünsche. (**0542**-3) Von K. F. Merkle, 112 S., 41 Zeichnungen, kartoniert. ●

Geburtstagsfeiern für jedes Alter
Planung und Festgestaltung
(**1382**-5) Von S. Ahrndt, 120 S., 145 Farbfotos, 28 Farbzeichnungen, kartoniert. ●●

Geburt und Taufe feiern
Planung und Festgestaltung
(**1443**-0) Von S. Ahrendt, 112 Seiten, 46 Farbzeichn., kartoniert. ●●

Wie soll es heißen?
(**0211**-4) Von D. Köhr, 136 S., kartoniert. ●

Unsere beliebtesten Vornamen
(**1023**-0) Von A. F. W. Weigel, 160 Seiten, 75 s/w-Fotos, Pappband. ●●

Die schönsten Vornamen
(**4755**-X) Hrsg. Dr. D. Voorgang, ca. 208 Seiten, über 100 Farbzeichnungen, gebunden. ●

Kindergedichte, Lieder und Sketche für Hochzeitsfeiern
(**1112**-1) Von B. Lins, 72 Seiten, 26 farbige Abbildungen, 15 Lieder, kartoniert. ●

Neue Kindergedichte und Lieder für Hochzeitsfeste
(**1431**-7) Von A. Schweiggert, 80 S., 27 s/w-Zeichnungen, kartoniert. ●

Kindergedichte rund ums Jahr
(**1040**-0) Von A. Schweiggert, 80 Seiten, 49 Zeichnungen, 6 Vignetten, kartoniert. ●

Kindergedichte für alle Tage und Feste
Freu dich, daß noch Blumen sprießen ...
(**1489**-9) Von G. Rudolf, 160 S., durchgehend zweifarbig, gebunden. ●●

Ins Gästebuch geschrieben
(**0576**-8) Von K. H. Trabeck, 96 Seiten, 24 Zeichnungen, kartoniert. ●

Der Verseschmied
Kleiner Leitfaden für Hobbydichter.
(**0597**-0) Von T. Parisius, 96 Seiten, 28 Zeichnungen, kartoniert. ●

Mach' dir einen Reim
Der moderne Verseschmied
(**1433**-3) Von G. Rudorf, 192 S., Pappband. ●●

Die schönsten Volkslieder
(**0432**-X) Hrsg. D. Walther, 128 S., mit Noten und Zeichnungen, kartoniert. ●

Alte und neue
Wanderlieder
(**1268**-3) Von P. G. Walter, 96 S., zweifarbig, kartoniert. ●●

Neue Glückwunschfibel
für groß und klein.
(**0156**-8) Von R. Christian-Hildebrandt, 96 S., 13 Vignetten, kartoniert. ●

Großes Buch der Glückwünsche
(**0255**-6) Hrsg. von O. Fuhrmann, 176 S., 77 Zeichnungen und viele Gestaltungsvorschläge, kartoniert. ●●

Wetter und Wind ändern sich geschwind
Beliebte Bauernregeln
(**1267**-5) Von G. Haddenbach, ca. 80 Seiten, ca. 30 zweifarbige Illustrationen, kart. ●

Beliebte Verse fürs Poesiealbum
Rosen, Tulpen, Nelken ...
(**0431**-1) Von W. Pröve, 96 Seiten, 11 Faksimile-Abbildungen, kartoniert. ●

Verse fürs Poesiealbum
(**0241**-6) Von I. Wolter, 120 Seiten, 20 Abbildungen, kartoniert. ●

Heiter und besinnliche
Verse fürs Poesiealbum
(**1069**-9) Von B. H. Bull, 160 Seiten, 70 zweifarbige Illustrationen, Pappband. ●●

Klassische Verse und Zitate
Für Glückwünsche, Briefe, Reden und Poesiealben
(**1223**-3) Von P. Motzan, 224 Seiten, 40 Abbildungen, Pappband. ●●

Die Kunst der freien Rede
Ein Intensivkurs mit vielen Übungen, Beispielen und Lösungen.
(**4189**-6) Von G. Hirsch, 232 Seiten, 11 Zeichnungen, Pappband. ●●●

Trinksprüche, Gästebuchverse, Richtsprüche
(**0224**-6) Von D. Kellermann, 96 Seiten, kartoniert. ●

Glückwünsche, Toasts und Festreden zu Polterabend und Hochzeit
(**0264**-5) Von I. Wolter, 112 Seiten, 18 Zeichnungen, kartoniert. ●

Trinksprüche und Festreden
(**1321**-3) Von L. Metzner, 144 S., 13 zweifarbige Zeichnungen, Pappband. ●●

Grußworte
für Gemeindefeiern, Vereinsjubiläen und andere offizielle Anlässe
(**4741**-X) Von M. Adam, 192 S., Pappbd. ●●

Moderne Reden und Ansprachen
(**4742**-8) Von M. Adam, 464 Seiten, Pappband. ●●●●

Reden zu Familienfesten
(**0675**-6) Von G. Georg, 112 S., kartoniert. ●

Reden im Verein
Musteransprachen für viele Gelegenheiten
(**0703**-5) Von G. Georg, 112 S., kartoniert. ●

Reden zum Jubiläum
Musteransprachen für viele Gelegenheiten
(**0595**-4) Von G. Georg, 112 S., kartoniert. ●

Reden und Sprüche zu Grundsteinlegung, Richtfest und Einzug
(**0598**-0) Von A. Bruder, G. Georg, 96 Seiten, kartoniert. ●

Die überzeugende Rede
Mehr Erfolg durch bessere Rhetorik
(**0076**-6) Von K. Wolter, G. Kunz, 96 Seiten, kartoniert. ●

Moderne Korrespondenz
Handbuch für erfolgreiche Briefe
(**4014**-8) Von H. Kirst und W. Manekeller, 544 Seiten, Pappband. ●●●●

Musterbriefe
für alle Gelegenheiten.
(**0231**-9) Hrsg. von O. Fuhrmann, 240 Seiten, kartoniert. ●●

Der moderne Brief
Geschäfts- und Privatkorrespondenz empfängerorientiert schreiben
(**1440**-6) Von Dr. G. Reinert-Schneider, 112 S., 44 s/w-Zeichn., kartoniert. ●●

Geschäftsbriefe
zeitgemäß und stilsicher
(**1323**-X) Von G. Briese-Neumann, 152 S., kartoniert. ●●

Geschäftliche Briefe
für Privatleute, Handwerker und Kaufleute
(**0041**-3) Von G. Briese-Neumann, ca. 120 S., kartoniert. ●

Einladungen texten und gestalten
(**1484**-8) Von R. Zey und A. Bellingen, ca. 80 S., kartoniert. ●

Privatbriefe
Muster für alle Gelegenheiten.
(**0114**-2) Von I. Wolter-Rosendorf, 112 S., kart. ●

Erfolgstips für den Schriftverkehr
Briefgestaltung · Rechtschreibung · Zeichensetzung · Stil. (**0678**-0) Von U. Schoenwald, 112 Seiten, kartoniert. ●

Behördenkorrespondenz
Musterbriefe · Anträge · Einsprüche
(**0412**-5) Von E. Ruge, 112 S., kartoniert. ●

Worte und Briefe der Anteilnahme
(**0464**-8) Von E. Ruge, M. Adam, 88 Seiten, mit vielen Abbildungen, kartoniert. ●

Briefe zu Geburt und Taufe
Glückwünsche und Danksagungen. (**0802**-3) Von H. Beitz, 96 S., 12 Zeichnungen, kart. ●

FALKEN Rechtsberater
Fallbeispiele · Musterbriefe · Gerichtsurteile
(**4734**-7) Hrsg. S. von Hasseln, 756 Seiten, Pappband. ●●●●

Alles, was man über Erziehungsgeld, Mutterschutz, Erziehungsurlaub wissen muß
Das neue Recht für Eltern
(**0835**-X) Von K. Möcks, A. Schmitt, 144 S., kartoniert. ●●

Alles, was man über die nichteheliche Lebensgemeinschaft wissen muß
(**1071**-0) Von T. Drewes, 104 Seiten, 8 s/w-Zeichnungen, kartoniert. ●●

Scheidung und Unterhalt
nach dem neuen Eherecht.
(**0403**-6) Von T. Drewes, 112 S., mit Kosten und Unterhaltstabellen, kartoniert. ●●

Alles, was man über
Eheverträge
wissen muß
(**1483**-X) Von T. Münster, 128 Seiten, kartoniert. ●●

Alles, was man über Scheidung und Unterhalt wissen muß
(**1264**-0) Von T. Drewes, 128 Seiten, kartoniert. ●●

Alles, was man über Renten wissen muß
Mit Rentenreformgesetz 1992
(**1265**-9) Von K. Möcks, A. Schmitt, 112 Seiten, kartoniert. ●●

Rasthaus-Ratgeber
Kinder haben keine Bremse
Verkehrserziehung für Kinder ab 3 Jahren
(**1497**-X) Von H.-D. Barth, 80 S, durchgehend vierfarbig, kartoniert. ●●

Rasthaus-Ratgeber
Stop dem Autoklau
Die wirksamsten Methoden gegen Autodiebstahl
(**1485**-6) Von M. Maurer, 64 Seiten, durchgehend vierfarbig, kartoniert. ●●

Rasthaus-Ratgeber
Gebrauchtwagenkauf
Auswahl · Bewertung · Kaufvertrag
(**1498**-8) Von U. Traub, 80 Seiten, durchgehend vierfarbig, kartoniert. ●●

Wolfgang Büsers Erfolgstips
Rentenreform '92
(**1244**-6) Von W. Büser, 80 S., kartoniert. ●

Wolfgang Büsers Erfolgstips
Teilzeitarbeit
(**1266**-7) Von W. Büser, 80 S., kartoniert. ●●

Wolfgang Büsers Erfolgstips
(Lohn-) Einkommensteuer '92
Aktuell: Zinssteuer '93
(**1324**-8) Von W. Büser, 176 S., kartoniert. ●●

Vermögensbildung mit System
Anlageformen · Strategien · Praxistips
(**1445**-7) Von W. Schwanfelder, 160 Seiten, kartoniert. ●●

Alles, was man über BAföG wissen muß
(**1387**-6) Von A. Mengeringhausen, 144 Seiten, kartoniert. ●●

Testament und Erbschaft
Erbfolge, Rechte und Pflichten der Erben, Erbschafts- und Schenkungssteuer, Mustertestamente. (**4139**-X) Von T. Drewes, R. Hollender, 304 Seiten, Pappband. ●●●

Erbrecht und Testament
(**0046**-4) Von H. Wandrey, 124 S., kart. ●

Alles, was man über Testament und Erbschaft wissen muß
(**0939**-9) Von T. Drewes, 136 Seiten, 9 s/w-Zeichnungen, kartoniert. ●●

Mietrecht
Leitfaden für Mieter und Vermieter
(**0479**-6) Von J. Beuthner, 196 S., kart. ●●

Haushaltstips
praktisch und umweltfreundlich
(**1046**-X) Von K. Winkell, 96 Seiten, 36 Zeichnungen, kartoniert. ●

Texte für den Anrufbeantworter
(**1389**-2) Von G. Kunz, 80 S., 12 s/w-Zeichnungen, kartoniert. ●

Alles, was man über den Umgang mit Behörden wissen muß
(**1390**-6) Von K. Möcks, A. Schmitt, 132 Seiten, kartoniert. ●●

Wege zum Börsenerfolg
Aktien · Anleihen · Optionen
(**4275**-2) Von H. Krause, 252 S., 4 s/w-Fotos, 86 Zeichnungen, Pappband. ●●●●

Wörter und Unwörter
Sinniges und Unsinniges der deutschen Gegenwartssprache
(**1401**-7) Hrsg. Gesellschaft für deutsche Sprache, 176 Seiten, kartoniert. ●●●

Richtige Groß- und Kleinschreibung
durch neue, vereinfachte Regeln. Erläuterungen der Zweifelsfragen anhand vieler Beispiele.
(**0897**-X) Von Prof. Dr. Ch. Stetter, 96 Seiten, kartoniert. ●

Gutes Deutsch schreiben und sprechen
(**4432**-1) Von W. Manekeller, Dr. G. Reinert-Schneider, 416 S., durchgehend zweifarbig, Pappband. ●●●●

Mehr Erfolg in der Schule
Deutsche Rechtschreibung und Grammatik
Übungen und Beispiele für die Klassen 5–10.
(**4407**-0) Von K. Schreiner, 256 S., durchgehend zweifarbig, Pappband. ●●●●

Diktate besser schreiben
Übungen zur Rechtschreibung für die Klassen 4 bis 8
(**0469**-9) Von K. Schreiner, 152 S., 31 Zeichnungen, kartoniert. ●●

Deutsche Grammatik
Ein Lern- und Übungsbuch
(**0704**-3) Von K. Schreiner, 122 S., kart. ●●

Aufsätze besser schreiben
Förderkurs für die Klassen 4 – 10
(**0429**-X) Von K. Schreiner, 144 Seiten, 31 Abb., kartoniert. ●●

Mehr Erfolg in der Schule
Der Deutschaufsatz
Übungen und Beispiele für die Klassen 5 – 10.
(**4271**-X) Von K. Schreiner, 240 S., 4 s/w-Fotos, 51 Zeichnungen, Pappband. ●●●●

Mehr Erfolg in der Schule
Deutsch
Textinterpretation, Literaturgeschichte und Stilkunde
(**4483**-6) Von K. Schreiner, 272 S., 43 zweifarbige Zeichnungen, Pappband. ●●●●

Gedächtnistraining mit Eselsbrücken
(**1388**-4) Von W. Ettig, 96 S., 36 s/w-Zeichnungen, kartoniert. ●

Geschichte
Von der Französischen Revolution bis zur Gegenwart
(**4723**-1) Von K. Schreiner, 256 S., 50 s/w-Fotos, 10 Farbzeichnungen, 6 zweifarbige Landkarten, Pappband. ●●●●

Geographie
Natürliche Grundlagen · Gestaltung der Umwelt · Die Staaten der Erde
(**4724**-X) Von V. Disch, 256 S., ca. 40 Karten und Grafiken, Pappband. ●●●●

Mehr Erfolg in der Schule
Mathematik 1
Arithmetik und Algebra. Übungen, Beispiele und Lösungen für die Klassen 5 bis 10.
(**4420**-8) Von R. Müller-Fonfara, 256 Seiten, 193 Zeichn., 2 s/w-Fotos, Pappband. ●●●●

Mehr Erfolg in der Schule
Mathematik 2
Geometrie, Statistik, Wahrscheinlichkeitsrechnung und kaufmännisches Rechnen
(**4456**-9) Von R. Müller-Fonfara, W. Scholl, 256 Seiten, 6 s/w-Fotos, 304 Zeichnungen, Pappband. ●●●●

Mathematische Formeln für Schule und Beruf
Mit Beispielen und Erklärungen.
(**0499**-0) Von R. Müller-Fonfara, 156 Seiten, 210 Zeichnungen, kartoniert. ●●

Schülerlexikon der Mathematik
Formeln, Übungen und Begriffserklärungen für die Klassen 5 – 10
(**0430**-3) Von R. Müller-Fonfara, 176 Seiten, 96 Zeichnungen, kartoniert. ●●

Mehr Erfolg in der Schule
Mathematik 3
Analysis, analytische Geometrie und lineare Algebra
(**4541**-7) Von R. Müller-Fonfara, W. Scholl, 240 Seiten, 140 zweifarbige Grafiken, Pappband. ●●●●

Mehr Erfolg in der Schule
Mathematik 4
Für die Klassen 11 bis 13
(**4701**-0) Von R. Müller-Fonfara, W. Scholl, 240 Seiten, 91 Zeichnungen, 3 s/w-Fotos, Pappband. ●●●●

Mathematik-Textaufgaben leicht gelöst
Aufgaben · Lösungsstrategien · Anwendungsbeispiele
(**1022**-2) Von R. Müller-Fonfara, 128 Seiten, 4 Zeichnungen, kartoniert. ●●

Rechnen aufgefrischt für Schule und Beruf.
(**0100**-2) Von H. Rausch, 144 S., kartoniert. ●

Besseres Englisch
Grammatik und Übungen für die Klassen 5 bis 10.
(**0745**-0) Von E. Henrichs, 144 S., kart. ●●

Mehr Erfolg in der Schule
Englisch
Textinterpretationen
(**4518**-2) Von E. Heinrichs-Kleinen, 256 S., Pappband. ●●●●

Mehr Erfolg in der Schule
Englische Grammatik
Regeln und Übungen für die Klassen 5 bis 13
(**4431**-3) Von E. Henrichs-Kleinen, 256 S., durchgehend zweifarbig, Pappband. ●●●●

Besseres Französisch
Grammatik und Übungen für die Klassen 9 bis 11
(**1039**-7) Von R. Lübke, 114 S., durchgehend zweifarbig, kartoniert. ●●

Mehr Erfolg in der Schule
Französische Grammatik
Für die Klassen 7 bis 13
(**4703**-7) Von R. Lübke, ca. 256 S., durchgehend zweifarbig, Pappband. ●●●●

Schnell und sicher zum Führerschein
Tips und Tricks aus 30jähriger-Fahrlehrer-Praxis.
(**1232**-2) Von O. Einert, 152 S., 156 Farbfotos, 161 z.T. farb. Zeichnungen, kartoniert. ●●

Die aktuellen Prüfungsfragen und Prüfungsbogen für den Führerschein Klasse 3
(**1490**-2) 104 Seiten, 371 Farbfotos, kart. ●●

Der Test-Knacker bei Führerscheinverlust
(**1262**-4) Von T. Rieh, 128 S., kartoniert. ●●

Erfolgreiche Bewerbung um einen Ausbildungsplatz
(**0715**-9) Von H. Friedrich, 128 S., kartoniert. ●

Bewerbungsstrategien
Erfolgreiche Konzepte für Karrierebewußte
(**1027**-3) Von Dr. W. Reichel, 128 S., kart. ●●

Karriereplanung mit System
Bewerbungsstrategien für Frauen
(**4455**-0) Von R. Ibelgaufts, 144 Seiten, 20 Cartoons, Pappband. ●●

Die Bewerbung
Der moderne Ratgeber für Bewerbungsbriefe, Lebenslauf und Vorstellungsgespräche.
(**4138**-1) Von W. Manekeller, 264 Seiten, Pappband. ●●●

Die erfolgreiche Bewerbung
Bewerbung und Vorstellung
(**0173**-8) Von W. Manekeller, U. Schoenwald, 144 Seiten, kartoniert. ●●

Lebenslauf und Bewerbung
Beispiele für Inhalt, Form und Aufbau
(**0428**-1) Von H. Friedrich, 112 S., kartoniert. ●

Bewerbungsbriefe und Stellengesuche
Für handwerkliche, gewerblich-technische und kaufmännische Berufe
(**0138**-X) Von Dr. W. Reichert, 96 S., kart. ●

Das überzeugende
Vorstellungsgespräch
Erfolgreiche Strategien für den ersten Eindruck
(**1261**-6) Von R. Ibelgaufts, 144 S., kart. ●●

Vorstellungsgespräche
sicher und erfolgreich führen.
(**0636**-5) Von H. Friedrich, 144 Seiten, kart. ●

Einstellungstests und andere Methoden der Bewerberauswahl
(**1263**-2) Von Dr. R. Hilke, H. Hustedt, 160 S., 27 Zeichnungen, kartoniert. ●●

Keine Angst vor Einstellungstests
Ein Ratgeber für Bewerber.
(**0793**-6) Von Ch. Titze, 120 Seiten, 67 Zeichnungen, kartoniert. ●

Assessment Center
Erfolgstips und Übungen für Bewerber
(**1385**-X) Von H. Beitz und A. Loch, ca. 128 S., kartoniert. ●●

Berufsstart für Hochschulabsolventen
Erfolgsstrategien für Bewerbung und Vorstellung
(**1482**-1) Von Dr. W. Reichel, ca. 144 S., kart. ●●

freundin Ratgeber
Psychoterror am Arbeitsplatz
Mobbing
(**1434**-1) Von B. Huber, 160 S., kartoniert. ●●

freundin Ratgeber
Frau mit Kind
Leitfaden für Alleinerziehende
(**1476**-7) Von G. Teusen, ca. 144 S., kart. ●●

freundin
Kind und Beruf: (K)ein Problem
(**1322**-1) Von I. Weber, 168 Seiten, 14 Zeichnungen, kartoniert. ●●

freundin Ratgeber
Neu im Job: So überzeugen Sie
(**1259**-4) Von G. Teusen, 160 S., kart. ●●

Die ersten Tage am neuen Arbeitsplatz
Ratschläge für den richtigen Umgang mit Kollegen und Vorgesetzten
(**0855**-4) Von H. Friedrich, 104 Seiten, kart. ●

Zeugnisse im Beruf
richtig schreiben, richtig verstehen
(**0544**-X) Von H. Friedrich, 112 Seiten, kart. ●

Arbeitszeugnisse
verstehen und interpretieren
(**1444**-9) Von A. Nasemann, 136 S., kart. ●●

So lernt man leicht und schnell
Maschinenschreiben
Lehrbuch für Schulen, Lehrgänge und Selbstunterricht. (**0568**-7) Von M. Kempkes, 112 S., 48 Zeichnungen, kartoniert. ●●

FALKEN-Software
Maschinenschreiben und Tastaturtraining für Computer
(**7009**-8) Von B. Hoppius, Diskette 5 1/4″ u. 3 1/2″ für IBM-PC + Kompatible, mit Begleitheit. ●●●●●*

Leicht und schnell gelernt
Maschinenschreiben im Selbstunterricht
(**0170**-3) Von O. Fonfara, 88 S., kartoniert. ●

Buchführung leicht gemacht
Ein methodischer Grundkurs für den Selbstunterricht (**4238**-8) Von D. Machenheimer, R. Kersten, 252 Seiten, Pappband. ●●●●

Buchführung leicht gefaßt
Für Handwerker, Gewerbetreibende und freiberuflich Tätige.
(**0127**-4) Von R. Pohl, 104 S., kartoniert. ●

Stenografie leicht gelernt
im Kurus oder Selbstunterricht
(**0266**-1) Von H. Kaus, 64 S., kartoniert. ●

Gitarre spielen
Ein Grundkurs für den Selbstunterricht
(**0534**-2) Von A. Roßmann, 96 S., 1 Schallfolie, 150 Zeichnungen, kartoniert. ●●●

FALKEN & HOHNER: Workshop Musik
Gitarre spielen
Folk, Blues, Pop, Rock auf der akustischen Gitarre
Für Anfänger und Wiedereinsteiger
(**1437**-6) Von W. Ruß, ca. 80 S., Begleit-CD ca. 60 Min. Spieldauer, zahlreiche Illustrationen und Fotos, kartoniert. ●●●●

FALKEN & HOHNER: Workshop Musik
Keyboard spielen
Pop & Rock
Für Anfänger und Wiedereinsteiger
(**1435**-X) Von M. Lonardoni, ca. 80 Seiten, Begleit-CD, ca. 60 Min. Spieldauer, zahlreiche Illustrationen und Fotos, kartoniert. ●●●●

FALKEN & HOHNER: Workshop Musik
Singen
In Chor, Singgruppe und solo
Für Anfänger und Wiedereinsteiger
(**1436**-8) Von W. Layer, ca. 80 S., Begleit-CD ca. 60 Min. Spieldauer, zahlreiche Illustrationen und Fotos, kartoniert. ●●●●

Faszinierendes Erlebnis
Tierwelt
(**4706**-1) Von U. und W. Dolder, 196 Seiten, 314 Farbzeichnungen, Pappband. ●●●●

Das große Buch der
Antworten auf Kinderfragen
(**4477**-1) Von H. Hofmann, U. Kopp, G. Jankovics u.a., 192 Seiten, 308 Farbzeichnungen, Pappband. ●●●

FALKEN LEXIKON
Das Wissen unserer Zeit
(**4736**-3) Hrsg. Lexikographisches Institut, 1008 Seiten, 681 Farbfotos, 1142 Farbzeichn., Pappband. ●●●●

Das neue, farbige
Jugendlexikon
(**4472**-0) Von J. Frey, D. Rex, 304 Seiten, 269 und 52 s/w-Fotos, 6 Farbzeichnungen, Pappband. ●●●●

Das große farbige Kinderlexikon
(**4195**-0) Von U. Kopp, 320 S., 493 Farbabbildungen, 17 s/w-Fotos, Pappband. ●●●●

Kinder-Überraschung
(**1499**-6) Von M. Semmel, ca. 80 Seiten, durchgehend vierfarbig, kartoniert. ●●

Briefmarken sammeln
(**0481**-8) Von D. Stein, 120 S., 4 Farbtafeln, 98 s/w-Abbildungen, kartoniert. ●

Telefonkartenlexikon für Sammler
(**1406**-6) Von M. Burzan, ca. 160 Seiten, zahlreiche Farbabbildungen, kartoniert. ●●●

Telefonkarten sammeln
Serien · Preise · Sammeltips
(**1326**-4) Von M. Burzan, 128 S., 251 Farbfotos, kartoniert. ●●

Die Handschrift als Spiegel des Charakters
Graphologie
(**1025**-7) Von Dr. W. Busch, 104 S., 87 Schriftproben, kartoniert. ●

Familienforschung · Ahnentafel · Wappenkunde
Wege zur eigenen Familienchronik
(**0744**-2) Von P. Bahn, 128 S., 8 Farbtafeln, 30 Abbildungen, kartoniert. ●●

Familienforschung und Wappenkunde
(**4485**-2) Von P. Bahn, 224 S., 114 zweifarbige Abbildungen, Pappband. ●●●●●

freundin Ratgeber
Frauen allein auf Reisen
(**1260**-8) Von H. Guilino, 192 S., 7 Zeichnungen, kartoniert. ●●

Brain Building
Das Supertraining für Gedächtnis, Logik, Kreativität
(**4704**-5) Von M. vos Savant, 256 Seiten, Pappband. ●●●

Traumdeutung
Die Bildersprache unserer Traumwelt entschlüsseln
(**4486**-0) Von G. Fink, 384 Seiten, 74 zweifarbige Fotos, Pappband. ●●●●

Kinderträume
Ein Ratgeber für Eltern
(**4505**-0) Von G. Fink, 176 S., 6 s/w-Zeichnungen, Pappband. ●●●

Wahrsagen
mit den Karten der Madame Lenormand
(**1328**-0) Von B. A. Mertz, 108 Seiten, 39 s/w-Abbildungen, kartoniert. ●●

Die 12 Tierzeichen
Chinesisches Horoskop
(**0423**-0) Von G. Haddenbach, 88 Seiten, kartoniert. ●

Partnerschaftshoroskop
Glück und Harmonie mit Ihrem Traumpartner.
(**0587**-3) Von G. Haddenbach, 112 Seiten, 11 Zeichnungen, kartoniert. ●

Im Zeichen der Sterne
(**0951**-8) Der feurige Widder
(**0952**-6) Der willensstarke Stier
(**0953**-4) Die vielseitigen Zwillinge
(**0954**-2) Der feinfühlige Krebs
(**0955**-0) Der königliche Löwe
(**0956**-9) Die zuverlässige Jungfrau
(**0957**-7) Die charmante Waage
(**0958**-5) Der leidenschaftliche Skorpion
(**0959**-3) Der temperamentvolle Schütze
(**0960**-7) Der treue Steinbock
(**0961**-5) Der selbstbewußte Wassermann
(**0962**-3) Die romantischen Fische
Von G. Haddenbach, 64 Seiten, 35 Farbfotos, Pappband. ●

Das neue FALKEN
Computerlexikon
(**4356**-2) Von Dr. B. Kopp, 336 S., 121 s/w-Fotos, 184 Computergrafiken, Pappbd. ●●●●

Computer-Grundwissen
Eine Einführung in Funktion und Einsatzmöglichkeiten
(**4359**-7) Von Chr. T. Wolff, 176 S., 182 Farbfotos, kartoniert.●●●●
(**4358**-9) Pappband.●●●●

Der PC
(**4732**-0) Von U. u. H. Freund, 336 Seiten, 386 Farbfotos, Pappband. ●●●●●

freundin
Das Computerbuch für Frauen
(**4372**-4) Von M. Thiel, 176 S., 102 Farbfotos, 73 Zeichnungen, Pappband. ●●●●

Desktop Publishing: Typografie und Layout Seiten gestalten am PC · für Einsteiger und Profis
(**4330**-9) Von Dr. H. D. Baumann, M. Klein, 320 S., zahlreiche zweifarbige Abbildungen, Pappband. ●●●●●

PC HELP!
Wissenschaftliche Texte mit Word 5.5
(**4360**-0) Von P. Vogel, 80 S., 34 zweifarbige Screenshots, kartoniert. ●●

PC HELP!
Praktische Computernutzung mit Works 2.0
(**4369**-4) Von A. Görgens, 72 Seiten, 64 zweifarbige Screenshots, kartoniert. ●●

PC HELP!
DFÜ mit dem PC
(**4370**-8) Von M. Hofmann, 88 Seiten, 41 zweifarbige Screenshots, kartoniert. ●●

PC HELP!
Zeichnen mit dem PC
(**4361**-9) Von M. Hofmann, 88 S., 57 zweifarbige Screenshots, kartoniert. ●●

PC HELP!
Präsentation mit dem PC
(**4368**-6) Von M. Hofmann, 96 S., 47 zweifarbige screenshots, kartoniert. ●●

PC HELP!
CONFIG. SYS. und AUTOEXEC. BAT
Optimale Systemkonfiguration
(**4338**-4) Von A. Görgens, 64 S., ca. 50 s/w-Abbildungen und Grafiken, kartoniert. ●●

PC HELP!
DOS-Kommandos richtig nutzen
(**4339**-2) Von A. Görgens, 64 S., ca. 50 s/w-Abbildungen und Grafiken, kartoniert. ●●

PC HELP!
Die ersten Schritte mit dem PC
(**4344**-9) Von P. Vogel, H. Ebsen, 64 S., ca. 50 s/w-Abb. und Grafiken, kartoniert. ●●

PC HELP!
Mehr Speicher unter DOS nutzen
(**4345**-7) Von K. O. Kuhl, 64 S., ca. 50 s/w-Abbildungen und Grafiken, kartoniert. ●●

PC HELP!
Viren erkennen und beseitigen
(**4346**-5) Von M. Hofmann, 64 S., ca. 50 s/w-Abbildungen und Grafiken, kartoniert. ●●

DTP-Lexikon für die Praxis
(**4373**-2) 136 S., 55 s/w-Fotos, kart. ●●●

Gestalten mit Pagemaker für Windows
(**4375**-9) Von M. Hofmann, R. Titius, 116 S., 53 zweifbg. screenshots, kartoniert. ●●

Präsentationsprogramme richtig nutzen
(**4376**-7) Von M. Hofmann, 96 S., 60 zweifarbige screenshots, kartoniert. ●●

Datenaustausch 1
(**4378**-3) Von M. Hofmann, 104 Seiten, 63 zweifarbig. screenshots, kartoniert. ●●

Datenaustausch 2
(**4379**-1) Von M. Hofmann, 96 S., 34 zweifarbige screenshots, kartoniert. ●●

Update
MS-DOS 6.0
Beilage: Kurzreferenz
(**4385**-6) Von M. Hofmann, 136 S., 55 s/w-Fotos, kartoniert. ●●●

PC-Pannen selbst beheben
Hardware · Software
(**4383**-X) Von M. Hofmann, 144 S., kart. ●●●

Windows für Workgroups
(**4381**-3) Von P. Vogel, 80 S., 40 Screenshots, kartoniert. ●●

Essen und Trinken

Rezepte für 1 Person
(**1294**-2) Hrsg. M. Sauerborn, 64 S., 75 Farbfotos, kartoniert. ●

Schnell und individuell
Die raffinierte Single-Küche
(**4266**-3) Von F. Faist, 160 S., 151 Farbfotos, Pappband. ●●●●

Frischer Fang aus Fluß und Meer
Fisch
(**0964**-X) Von L. Grieser, 48 S., 52 Farbfotos, Pappband. ●●

Fischgerichte
(**1448**-1) Hrsg.: S. Koch, 64 S., ca. 50 Farbfotos, kartoniert. ●

Zart und edel
Lachs
(**1403**-1) Von H. Imhof, 64 S., 49 Farbfotos, Pappband. ●●

Geflügelgerichte
(**1348**-5) Hrsg. E. Meyer zu Stieghorst, 64 S., 71 Farbfotos, kartoniert. ●

Gaumenfreuden Tag für Tag
Pfannengerichte
(**1007**-9) Von S. Fabke, 64 S., 54 Farbfotos, Pappband. ●●

Köstliches für Genießer
Fleischgerichte
(**4699**-5) Von F. Stein, 144 S., ca. 100 Farbfotos, gebunden. ●●●

Schnitzel, Steaks & Co.
(**1417**-1) Von N. Frank, 64 Seiten, 68 Farbfotos, kartoniert. ●

Köstliches aus dem Tontopf
(**1332**-9) Hrsg. S. Kieslich, 64 Seiten, 55 Farbfotos, kartoniert. ●

Suppen und Eintöpfe
(**1449**-X) Hrsg.: S. Koch, 64 S., ca. 50 Farbfotos, kartoniert. ●

Aus eigener Küche
Gute Wurst
(**0948**-8) Von J. Bessel, G. Quaas, 80 Seiten, 8 Farbtafeln, kartoniert. ●

Aus lauter Lust und Liebe
Knoblauch
(**0867**-8) Von L. Reinirkens, 64 S., 45 Farbfotos, Pappband. ●●

Bintje, Irmgard und Sieglinde
Kartoffeln
(**1032**-X) Von S. Fabke, 64 S., 43 Farb- und 1 s/w-Foto, Pappband. ●

Kartoffelgerichte
(**1297**-7) Hrsg. I. Feldhaus, 64 S., 64 Farbfotos, kartoniert. ●

Nudelgerichte
(**1293**-4) Hrsg. E. Fuhrmann, 64 S., 66 Farbfotos, kartoniert. ●

Pasta in Höchstform
Nudeln
(**0884**-8) Von M. Kirsch, 64 S., 62 Farbfotos, Pappband. ●●

Spezialitäten unter knuspriger Decke
Aufläufe
(**0882**-1) Von C. Adam, 48 S., 33 Farbfotos, Pappband. ●●

Aufläufe
(**1295**-0) Hrsg. E. Fuhrmann, 64 S., 62 Farbfotos, kartoniert. ●

Die Krönung der feinen Küche
Saucen
(**0817**-1) Von G. Cavestri, 48 S., 40 Farbfotos, Pappband. ●●

Gemüsegerichte
(**1347**-7) Hrsg. E. Fuhrmann, 64 S., 58 Farbfotos, kartoniert. ●

Gemüseaufläufe
(**1365**-5) Hrsg. E. Fuhrmann, 64 S., 58 Farbfotos, kartoniert. ●

Die schönsten Rezepte für
Frühstück und Brunch
(**1063**-X) Von K. Kruse-Schorling, 80 Seiten, 8 Farbtafeln, kartoniert. ●

Schnelle Küche
Für 2 Personen
(**4718**-5) freundin-Kochstudio, 80 Seiten, 105 Farbf., Pappband. ●●

Kochen auf der richtigen Welle im
Grill-Mikrowellengerät
(**1395**-7) Von T. Peters, 96 S., 79 Farbfotos, kartoniert. ●●

Fritieren
(**1350**-7) Hrsg. I. Teitge, 64 S., 62 Farbf., kart. ●

Schnell auf den Tisch gezaubert
Kochen mit Mikrowellen
(**0818**-X) Von A. Danner, 64 S., 52 Farbfotos, Pappband. ●

Italienische Vorspeisen **Antipasti**
(**1006**-0) Von S. Reiter-Westphal, 64 Seiten, 47 Farbfotos, Pappband. ●●

Mexikanische Küche
(**1439**-2) Von C. Zingerling, 64 S., ca. 50 Farbfotos, kartoniert. ●

Italienische Küche
(**1299**-3) Hrsg. E. Fuhrmann, 64 S., 65 Farbfotos, kartoniert. ●

Schlemmerreise durch die
Italienische Küche
(**4172**-1) Von V. Pifferi, 160 S., 109 Farbfotos, Pappband. ●●●●

Spaghetti, Tagliatelle + Co.
Pasta all'Italiana
(**1004**-4) Von I. Seyric, 64 S., 57 Farbfotos, Pappband. ●●

Pizza
(**1352**-3) Hrsg. M. Sauerborn, 64 S., 72 Farbfotos, kartoniert. ●

Tradition mit Charme
Wiener Spezialitäten
(**1343**-4) Von G. Scolik, 64 S., 46 Farbfotos, Pappband. ●●

Schlemmerreise durch die
Französische Küche
(**4296**-5) Von H. Imhof, 160 S., 147 Farbfotos, 3 s/w-Fotos, Pappband. ●●●●

Schlemmerreise durch die
Spanische Küche
(**4500**-X) Von A. Puente, 160 S., ca. 120 Farbfotos, Pappband. ●●●●

Vom Bosporus zum Ararat
Türkische Spezialitäten
(**1191**-1) Von S. Dogan, 64 S., 44 Farbfotos, Pappband.●●

Indische Küche
(**1404**-X) Von C. Zingerling, 64 S., 64 Farbfotos, kartoniert. ●

Schlemmerreise durch die
Thailändische Küche
(**4722**-3) Von C. Zingerling, 144 Seiten, 164 Farbfotos, Pappband. ●●●●

Köstlich fernöstlich
Asiatische Spezialitäten
(**1286**-1) Von M. Carroll, E. Mognol, 64 S., 49 Farbfotos, Pappband. ●●

Chinesische Küche
(**1289**-6) Hrsg. M. Sauerborn, 64 S., 73 Farbfotos, kartoniert. ●

Schlemmerreise durch die
Chinesische Küche
(**4184**-5) Von K. H. Jen, 160 S., 117 Farbfotos, Pappband. ●●●

Gerichte aus dem
Wok
(**1291**-8) Hrsg. M. Sauerborn, 64 S., 76 Farbfotos, kartoniert. ●

Mit Lust und Liebe **Chinesisch Kochen**
(**4441**-0) Von Ho Fu-Lung, Uli Franz, 176 Seiten, 189 Farbfotos, 29 Zeichnungen, Pappband. ●●●●

Fernöstliche Küche
(**1384**-1) Hrsg. R. Faller, 64 S., 73 Farbfotos, kartoniert. ●

Rezepte für Tisch- und Gartengrill
(**1351**-3) Hrsg. V. Müller, 64 S., 59 Farbfotos, kartoniert.●

Braten auf dem heißen Stein
(**1300**-0) Hrsg. R. Donhauser, 64 S., 56 Farbfotos, kartoniert. ●

Rezepte rund um Raclette und Doppeldecker
(**0420**-6) Von J.W. Hochscheid, 72 S., 8 Farbtafeln, kartoniert. ●

Schlemmen in geselliger Runde
Fleischfondues
(**0966**-6) Von M. Spötter, 64 S., 62 Farbfotos, Pappband. ●●

Fondues und Raclettes
(**4253**-1) Von F. Faist, 160 S., 125 Farbfotos, Pappband. ●●●●

Fondues
(**1298**-5) Hrsg. E. Meyer zu Stieghorst, 64 S., 69 Farbfotos, kartoniert. ●

Rezepte fürs Raclette
(**1290**-X) Hrsg. S. Kieslich, 64 Seiten, 59 Farbfotos, kartoniert. ●

Raclette-Spezialitäten
(**0881**-3) Von F. Faist, 48 S., 33 Farbfotos, Pappband. ●

Knackige Salate
(**1441**-4) Hrsg.: S. Kieslich, 64 S., ca. 50 Farbfotos, kartoniert. ●

Gartenfrisch genießen
Feine Salate
(**4450**-X) Von P. Nikolay, 160 S., 122 Farbfotos, Pappband. ●●●●

Köstliche Salate
zum Verwöhnen
(**0222**-X) Von Chr. Schönherr, 96 S., 8 Farbtafeln, 30 Zeichnungen, kartoniert. ●

Salate
(**1346**-9) Hrsg. E. Furhmann, 64 S., 62 Farbfotos, kartoniert.●

Frisch und leicht als Hauptgericht
Schlemmersalate
(**0934**-8) Von C. Adam, 64 S., 49 Farbfotos, Pappband. ●●

Gesund und vielseitig **Alles mit Joghurt**
täglich selbstgemacht, mit vielen Rezepten
(**0382**-6) Von G. Volz, 64 S., 8 Farbtafeln, kartoniert. ●

Marmeladen, Gelees und Kompotte
(**1442**-2) Hrsg.: F. Stein, 64 S., ca. 50 Farbfotos, kartoniert. ●

Gesunde Ernährung für mein Kind
(**0776**-6) Von M. Bustorf-Hirsch, 112 Seiten, 8 Farbtafeln, 5 s/w-Zeichnungen, kartoniert. ●●

Eßschule
Gesunde Ernährung für Kinder im Grundschulalter
(**1314**-0) Von A. Roßmeier, 80 Seiten, 44 Farbfotos, 50 farbige Vignetten, Pappband. ●●

Lieblingsgerichte für Kinder
Mit Sonderteil: Gesunde Kost für Babys ab 6 Monaten
(**4497**-6) Von G. Righi-Spanfellner, 112 S., 27 Farbzeichnungen, Pappband. ●●●

Das essen Kinder gern
(**1405**-8) Hrsg. S. Faust, 64 S., 80 Farbfotos, kartoniert. ●

Mit Lust und Liebe ...
Vollwertküche für Genießer
(**4412**-4) Von Prof. Dr. C. Leitzmann, H. Million, 256 Seiten, 329 Farbfotos, Pappband. ●●●●

Vegetarisch kochen und genießen
Alle Gerichte für 2 Personen
(**4715**-0) Von Prof. Dr. C. Leitzmann, K. Dittrich, C. u. G. Kurz, 128 S., 132 Farbfotos, Pappband. ●●●●

Das große FALKEN
Vitaminkochbuch
für Genießer
(**4714**-2) Von Prof. Dr. troph. M. Hamm, A. Roßmeier, 208 S., 224 Farbfotos, Pappband. ●●●●

Schmackhafte Vollwertkost ohne tierisches Eiweiß
(**0993**-3) Von M. Bustorf-Hirsch, 96 Seiten, 54 Farbfotos, kartoniert. ●●

Cholesterinarm kochen und genießen
(**4442**-9) Von R. Unsorg, 168 S., 132 Farbfotos, kartoniert. ●●●●

Die aktuelle **Cholesterintabelle**
(**1088**-5) Von Dr. H. Oberritter, 84 Seiten, 12 zweifarbige Grafiken, kartoniert. ●

Die aktuelle Vitamin- und Mineralstofftabelle
Mit Angaben zu den wichtigsten Vitaminen und Mineralstoffen
(**1110**-5) Von Dr. H. Oberritter, 88 Seiten, 1 zweifarbige Grafik, kartoniert. ●

Die aktuelle E-Zusatzstoff-Tabelle
Über 750 Angaben zu Herkunft, Verwendung und möglichen Nebenwirkungen
(**1233**-0) Von T. Pilgram, E.Dahl, 80 Seiten, zweifarbig, kartoniert. ●

Vollwertküche für Diabetiker
Köstlich kochen und backen für die ganze Familie
(**4473**-9) Von Prof. Dr. C. Leitzmann, Prof. Dr. H. Laube, H. Million, 168 S., 172 Farbfotos, 8 Zeichnungen, Pappband. ●●●●

Kochen und backen für Diabetiker
Gesund und schmackhaft für die ganze Familie
(**4467**-4) Von Dr. med. M. Toeller, W. Schumacher, A. Groote, Dr. troph. A. Klischan, 176 S., 182 Farbfotos, Pappband. ●●●●

Die Sojaküche
Gesund und abwechslungsreich essen
(**0553**-9) Von U. Kolster, 80 S., 8 Farbtafeln, kartoniert. ●

Gesund kochen mit Keimen und Sprossen
(**0794**-9) Von M. Bustorf-Hirsch, 96 S., 4 Farbtafeln, 13 s/w-Zeichnungen, kartoniert. ●

Waffeln
Hörnchen, Pfannkuchen und Crèpes.
(**0522**-9) Von C. Stephan, 64 S., 8 Farbtafeln, kartoniert. ●

Waffeln
(**1296**-9) Hrsg. L. Steiger, 64 S., 73 Farbfotos, kartoniert. ●

Fruchtige Pfannkuchen und Crêpes
(**1446**-5) Von S. Fabke, 64 S., ca. 50 Farbfotos, kartoniert. ●

Mehr Freude und Erfolg beim
Brotbacken
(**4148**-9) Von A. und G. Eckert, 160 Seiten, 177 Farbfotos, Pappband. ●●●●

Meine Vollkornbackstube
Brot · Kuchen · Aufläufe. (**0616**-0) Von R. Raffelt, 96 S., 4 Farbtafeln, 12 Zeichnungen, kartoniert. ●

Mit Honig, Nuß und Mandelkern
Weihnachtsplätzchen
(**1287**-X) Von H. Jaacks, 64 S., 48 Farbfotos, Pappband. ●●

Backen ohne Zucker
(**1234**-9) Von H. Erkelenz, 80 S., 8 Farbtafeln, kartoniert. ●

Süße Geheimnisse eiskalt gelüftet
Eis und Sorbets
(**0870**-8) Von H. W. Liebheit, 48 S., 38 Farbfotos, Pappband. ●●

Haltbarmachen in der Öko-Küche
Gesunde Konservierungsmethoden für Obst, Gemüse, Kräuter und Pilze. (**0923**-2) Von M. Bustorf-Hirsch, 120 S., 92 Farbabbildungen, kartoniert. ●●

Komm, koch und back mit mir
Kunterbuntes Kochvergnügen für Kinder.
(**4285**-X) Von S. und H. Theilig, illustriert von B. v. Hayek, 112 S., 45 Farbabbildungen, Pappband. ●●

Lieblingsgerichte für Kinder
Kerngesund und kunterbunt
(**4497**-6) Von G. Righi-Spanfellner, 112 Seiten, 27 Farbzeichnungen, Pappband. ●●●

Lirum, larum, Löffelstiel ...
Kinder kochen mit Knuddel
(**1094**-X) Von U. Bültjer, 80 S., 27 zweifarbige Zeichnungen, kartoniert. ●

Backe, backe Kuchen ...
Kinder backen mit Knuddel
(**1301**-9) Von U. Bültjer, 64 S., 34 Farbfotos, 60 Farbzeichn., kartoniert. ●

Mit Lust und Liebe
Garnieren und Verzieren
Dekoratives zu vielen Anlässen
(**4496**-8) Von M. Müller, E. Pratsch, H. Krieg, 160 Seiten, ca. 100 Farbfotos, Pappband. ●●●●

Mit Lust und Liebe **Kalte Platten & Buffets**
Anrichten und Garnieren
(**4427**-5) Von P. Grotz, 176 S., 228 Farbfotos, Pappband. ●●●●

Köstliches ganz leicht gezaubert
Raffinierte Rezepte rund um den Stabmixer
(**1453**-8) Von U. Kochendörfer, 96 Seiten, 84 Farbfotos, kartoniert. ●●

Garnieren und Verzieren
(**4236**-1) Von R. Biller, 160 S., 329 Farbfotos, 57 Zeichnungen, Pappband. ●●●●

Köstlichkeiten für Gäste und Feste
Kalte Platten
(**4200**-0) Von I. Pfliegner, 160 S., 130 Farbfotos, Pappband. ●●●●

Sandwich, Toasts & Co.
(**1331**-0) Von F. Faist, 64 Seiten, 62 Farbfotos, kartoniert. ●

Quiches, Tartes
und andere pikante Kuchen
(**1407**-4) Hrsg. I. Teitge, 64 S., 70 Farbf., kart. ●

freundin
Snacks
(**4521**-2) Von V. Müller, 80 S., 87 Farbfotos, Pappband.●●●

Kochen und backen mit Käse
(**1451**-1) Hrsg.: F. Stein, 64 S., ca. 50 Farbfotos, kartoniert. ●

Raffiniert kombiniert, schön dekoriert
Käseplatten
(**1192**-X) Von S. Carlsson, 64 S., 57 Farbfotos, Pappband.●●

FALKEN
Festival der schön gedeckten Tische
(**4738**-X) Von A. F. Endress, 204 S., 116 Farbfotos, 83 Farbzeichnungen, Pappbd. ●●●●

Der perfekt gedeckte Tisch
(**1028**-1) Von H. Tapper, 80 S., 161 Farbfotos, 13 Zeichnungen, kartoniert. ●●

Der schön gedeckte Tisch
Vom einfachen Gedeck bis zur Festtafel stimmungsvoll und perfekt arrangiert.
(**4246**-1) Von H. Tapper, 112 S., 206 Farbfotos, 21 s/w-Abbildungen, Pappband. ●●●

Servietten falten
80 Ideen für schön gedeckte Tische
(**1042**-7) Von M. Müller, O. Mikolasek, 80 S., 289 Farbfotos, 50 Zeichnungen, kart. ●●

Phantasievolle Tischdekorationen selber machen
(**0984**-4) Von Y. Thalheim, H. Nadolny, 80 S., 174 Farbfotos, 21 Zeichnungen, kart. ●●

Servietten dekorativ falten
Geschmackvolle Anregungen aus Stoff und Papier. (**0804**-X) Von H. Tapper, 32 Seiten, 134 Farbfotos, Pappband. ●

Weine und Säfte, Liköre und Sekt
selbstgemacht.
(**0702**-7) Von P. Arauner, 232 S., 76 Abb., kartoniert. ●●●

Was Weinfreunde wissen wollen
Fragen und Antworten rund um den Wein
(**1224**-1) Von Prof. Dr. K. Röder, H.-G. Dörr, ca. 224 Seiten, kartoniert. ●●

FALKEN Mixbuch
(**4733**-9) Hrsg. P. Bohrmann, 560 Seiten, 227 Farbfotos, Pappband. ●●●●

Vitamindrinks
(**1408**-2) Von H. Reith, W. Hubert, 64 Seiten, 68 Farbfotos, kartoniert. ●

Köstlich, cremig, sahnig, frisch
Mixen mit Milch
(**1151**-2) Von S. Carlsson, 64 S., 45 Farbfotos, Pappband.●

Milchmixgetränke
(**1450**-3) Von S. Carlsson, 64 S., ca. 50 Farbfotos, kartoniert. ●

Cocktails und Drinks
(**1292**-6) Hrsg. S. Kieslich, 64 S., 70 Farbfotos, kartoniert. ●

Bowlen und Punsche
(**1447**-3) Hrsg.: F. Brandl, 64 S., ca. 50 Farbfotos, kartoniert. ●

Fruchtig, spritzig, eisgekühlt
Mixen ohne Alkohol
(**0935**-6) Von S. Späth, 64 S., 44 Farbfotos, Pappband. ●●

Longdrinks
(**1345**-0) Hrsg. E. Meyer zu Stieghorst, 64 S., 79 Farbfotos, kartoniert. ●

Light Drinks
Mixen mit und ohne Alkohol
(**1222**-5) Von S. Edelberg, Heike Reith, 64 S., 48 Farbfotos, Pappband. ●●

Cocktails
(**4267**-1) Von W. R. Hoffmann, W. Hubert, U. Lottring, 160 S., 164 Farbfotos, 1 s/w-Foto, Pappband. ●●●●

Cocktails und Mixereien
für häusliche Feste und Feiern. (**0075**-8) Von J. Walker, 96 S., 4 Farbtafeln, kartoniert. ●

Das Fitmacher-Kochbuch
(**4698**-7) Von Prof. Dr. troph. M. Hamm, 112 S., ca. 100 Farbfotos, gebunden. ●●●

Schlank und gesund nach Dr. Hay
Schnelle Trennkostküche
(**4746**-0) Von H. Harper, 80 S., ca. 80 Farbfotos, kartoniert. ●●

Schlank werden nach Dr. Hay **Trennkost**
Die bewährten Vollwert-Rezepte von Ursula Summ. (**4298**-1) Von U. Summ, 96 Seiten, 54 Farbfotos, 1 Zeichnung, kartoniert. ●●

Das große Buch der Trennkost
Neue Rezepte von Ursula Summ
(**4498**-4) Von U. Summ, 144 S., ca. 100 Farbfotos, Pappband. ●●●

Gesund leben nach Dr. Hay
Cholesterinarme Trennkost
Neue Vollwert-Rezepte von Ursula Summ
(**4475**-5) Von U. Summ, 96 Seiten, 52 Farbfotos, kartoniert. ●●

Die neue Trennkost
(**4685**-5) Von U. Summ, 96 Seiten, 71 Farbfotos, kartoniert. ●●●

Das kleine 1x1 der Trennkost
(**1428**-7) Von S. Carlsson, 64 S., ca. 50 Farbfotos, kartoniert. ●

Schlank nach Maß
mit der Diät-Computerwaage
(**1064**-8) Von K. Alisch, 104 S., 8 Farbtafeln, kartoniert. ●

Gesundes Essen für Berufstätige
Die 4-Wochen-Vollwertkur (**1065**-6) Von M. Weber, ca. 80 S., 8 Farbtafeln, kart. ●

Garten

FALKEN Gartenjahr
(**4730**-4) Von K. Greiner, A. Weber, P. Michaeli-Achmühle, 320 Seiten, 380 Farbabbildungen, Pappband. ●●●●

Garten heute
Der moderne Ratgeber · Über 1000 Farbbilder. (**4283**-3) Von H. Jantra, 384 S., über 1000 Farbabbildungen, Pappband. ●●●●

Helmut Jantras Gartenbuch
Obst · Gemüse · Blumen
(**4522**-0) Von H. Jantra, 200 S., 395 Farbfotos, 123 Farbzeichnungen, 25 Tabellen, Pappband. ●●

1000 ganz bewährte Garten-Tips
(**4453**-4) Von H. Jantra, 320 S., 288 zweifbg. und 62 s/w-Zeichn., , Pappband. ●●●

Obst, Gemüse, Blumen, Gras
Gärtnern macht den Kindern Spaß
(**4517**-4) Von U. Krüger, 96 S., 85 Farbfotos, 180 Farbzeichznungen, Pappband. ●●

Rosen
(**4692**-8) Von H. Steinhauer, ca. 144 S., zahlr. Farbabbildungen Pappband. ●●●●●

Rosen
Auswahl · Pflege · Gestaltung
(**1183**-0) Von H. Jantra, 120 S., 200 Farbfotos, 20 Farbzeichnungen, 8 Bepflanzungspläne, kartoniert. ●●

Bunte Pracht der Stauden
Auswahl · Pflege · Gestaltung
(**1376**-0) Von H. Jantra, 112 S., 167 Farbabbildungen, kartoniert. ●●●

Erfolgstips für den Obstgarten
Gesunde Früchte durch richtige Sortenwahl und Pflege
(**0827**-9) Von F. Mühl, 184 S., 16 Farbtafeln, 33 Zeichnungen, kartoniert. ●●

Erfolgstips für den Gemüsegarten
Mit naturgemäßem Anbau zu höherem Ertrag. (**0674**-8) Von F. Mühl, 80 Seiten, 30 s/w-Fotos, 4 Zeichnungen, kartoniert. ●●

Obstgehölze sachgemäß schneiden
(**1127**-X) Von P. G. Wilhelm, 136 Seiten, 8 s/w-Abb., 367 Zeichnungen, kart.●●

Kompost im Hausgarten
herstellen und anwenden
(**1258**-6) Von H. Abels, J. Jöstingmeier, ca. 30 zweifarbige Zeichnungen, kart. ●

Der naturgemäße Zier- und Wohngarten
Anlegen · Gestalten · Pflegen
(**0748**-5) Von I. Gabriel, 128 S., 72 Farbfotos, 46 Farbzeichnungen, kartoniert. ●●

Natürlich gärtnern unter Glas und Folie
Anbauen und ernten rund ums Jahr
(**0722**-1) Von I. Gabriel, 128 S., 62 Farbfotos, 45 Farbzeichnungen, kartoniert. ●●

Nützliche Tiere im Garten
(**1472**-4) Von I. Polaschek, ca. 112 Seiten, ca. 120 Farbf., ca. 10 Farbzeichn., kartoniert. ●●

Schneckenbekämpfung
giftfrei und naturgemäß
(**1378**-7) Von B. Meyer, Y. Thalheim, 64 S., 25 s/w-Zeichnungen, 8 Farbtafeln, kart. ●●

Dekorative Kübelpflanzen
Auswahl und Plfege
(**1074**-5) Von H. Jantra, 112 S., 180 Farbfotos, 35 Farbzeichnungen, kartoniert. ●●

Blütenpracht auf Balkon und Terrasse
(**0928**-3) Von M. Haberer, 88 S., 139 Farbfotos, kartoniert. ●●

Moderne Gartengestaltung
(**1255**-1) Von K. Greiner, A. Weber, 128 S., mit Rasterbogen und Planelementen zum Ausschneiden, ca. 120 Farbfotos, ca. 20 vierfarbige Pläne, kartoniert. ●●●

Gestaltungsideen für
Schöne Gärten
(**4482**-8) Von H. Jantra, 168 S., 309 Farbfotos, 3 s/w-Fotos, , Pappband. ●●●●●

Der pflegeleichte Hausgarten
(**1170**-9) Von H. Jantra, 112 S., vierfarbige Abbildungen, kartoniert. ●●

Schöne Kräutergärten
(**1256**-X) Von H. Jantra, 112 S., vierfarbige Abbildungen, kartoniert. ●●

Kleingärten
Planen · Anlegen · Pflegen
(**1015**-X) Von H. Jantra, 88 S., 123 Farbfotos, 1 s/w-Foto, 14 Farbzeichnungen, , kart. ●●

Reihenhausgärten
Planen · Anlegen · Pflegen
(**1016**-8) Von H. Jantra, 104 S., 134 Farbfotos, 45 Farbzeichnungen, kartoniert. ●●

Kletterpflanzen
Mit Sonderteil Dachbegrünung
(**4546**-8) Von U. Mehl, K. Werk, 128 S., ca. 150 Farbfotos, farbige und s/w-Zeichnungen, Pappband. ●●●●●

Steingärten Wirkungsvoll gestalten und sachgerecht pflegen
(**4452**-6) Von A. Throll-Keller, 128 Seiten, 203 Farbfotos, 56 Farbzeichnungen, Pappband. ●●●●

Gartenteiche, Tümpel und Weiher
naturnah anlegen und pflegen
(**1073**-7) Von Dr. F. Liedl, H. Goos, 80 Seiten, 87 Farbfotos, 39 Farbzeichnungen, kart. ●●

Wasser im Garten
Von der Vogeltränke zum Naturteich · Natürliche Lebensräume selbst gestalten.
(**4230**-2) Von H. Hendel, P. Keßeler, 240 S., 315 Farbabb., 11 s/w-Fotos, Pappband. ●●●●●

Pflanzen und Tiere für den Gartenteich
(**1171**-7) Von W. Costa, 128 S., 169 Farbfotos, 40 Farbzeichnungen, 8 Bepflanzungspläne, kartoniert. ●●

Gestaltungsideen für den Wohngarten
Sitzplätze, Terrassen, Höfe und andere grüne Räume
(**4751**-7) Von H. Jantra, ca. 120 Seiten, ca. 100 Farbfotos und -zeichnungen, gebunden. ●●●●

Wintergärten
Das Erlebnis, mit der Natur zu wohnen. Planen, Bauen und Gestalten.
(**4256**-6) Von LOG ID, 136 S., 130 Farbfotos, 107 Zeichnungen, Pappband. ●●●●●

Rund ums Jahr erfolgreich gärtnern
Gewächshäuser
planen · bauen · einrichten · nutzen
(**4408**-9) Von Dr. G. Schoser, J. Wolff, 232 S., 368 Farbabb., 5 s/w-Fotos, Pappbd. ●●●●●

Das moderne Handbuch **Zimmerpflanzen**
(**4416**-X) Von H. Jantra, 304 S., 766 Farbfotos, 64 Farb- und 19 s/w-Zeichnungen, Pappband. ●●●●

365 Erfolgstips für schöne Zimmerpflanzen
(**0893**-7) Von H. Jantra, 144 S., 215 Farbfotos, kartoniert. ●●

Dekorative Blattpflanzen
Auswahl und Pflege
(**1128**-8) Von H. Jantra, 128 S., 198 Farbfotos, 20 Farbzeichnungen, kartoniert. ●●

Arbeitskalender für Zimmergärtner
(**1473**-2) Von H. Jantra, 112 Seiten, ca. 120 Farbfotos, kartoniert. ●●

Prof. Stelzers grüne Sprechstunde
Gesunde Zimmerpflanzen
Krankheiten erkennen und behandeln. Mit neuem Diagnosesystem.
(**4274**-4) Von Prof. Dr. G. Stelzer, 192 Seiten, 410 Farbfotos, 10 s/w-Zeichnungen, Pappband. ●●●●

Hydrokultur
Pflanzen ohne Erde – mühelos gepflegt.
(**0944**-5) Von H.-A. Rotter, 144 S., 167 Farbfotos, 13 Farbzeichnungen, kartoniert. ●●

Gesunde Pflanzen in
Hydrokultur
(**1257**-8) Von H.-A. Rotter, 80 Seiten, ca. 60 s/w-Zeichnungen, 8 Farbtafeln, kartoniert. ●

Bonsai Japanische Miniaturbäume und Miniaturlandschaften. Anzucht, Gestaltung und Pflege.
(**4091**-1) Von B. Lesniewicz, 160 S., 106 Farbfotos, 46 s/w-Fotos, 115 Zeichnungen, gebunden. ●●●●●

Kakteen
Auswahl · Pflege · Vermehrung
(**1429**-5) Von G. Andersohn, ca. 120 S., zahlr. Farbabbildungen, kartoniert. ●●●

Tiere

Grzimek Juniors **BUNTE TIERWELT**
(**4295**-7) Von Chr. Grzimek, 208 S., 308 Farbfotos, Pappband. ●●●●

Hunde
Rassen · Ausbildung · Pflege · Zucht
(**4118**-7) Von H. Bielfeld, 192 S., 222 Farb- und 73 s/w-Abb., Pappband. ●●●●

Das neue Hundebuch
Rassen · Aufzucht · Pflege (**0009**-X) Von W. Busack, überarbeitet von Dr. med. vet. A. H. Hacker und H. Bielfeld, 112 S., 8 Farbtafeln, 27 s/w-Fotos, 6 Zeichnungen, kartoniert. ●

Alles über Dackel, Teckel und Dachshunde
(**1079**-6) Von M. Wein-Gysae, 80 Seiten, 46 Farbfotos, 2 zweifarbige Zeichnungen, kartoniert. ●●

Hundeausbildung
Verhalten · Gehorsam · Ausbildung
(**0346**-3) Von R. Menzel, 88 S., 26 Fotos, kartoniert. ●

Grundausbildung für Gebrauchshunde
Schäferhund, Boxer, Rottweiler, Dobermann, Riesenschnauzer, Airedaleterrier, Hovawart und Bouvier.
(**0801**-5) Von M. Schmidt und W. Koch. 104 S., 8 Farbtafeln, 51 s/w-Fotos, 5 s/w-Zeichnungen, kartoniert. ●●

Der Hund in der Familie
(**1014**-1) Von J. Werner, 128 S., 106 Farbfotos, kartoniert. ●●

Der Deutsche Schäferhund
(**1091**-5) Von U. Förster, 112 S., 47 Farbzeichnungen, 2 s/w-Fotos, kartoniert. ●●

Der Deutsche Schäferhund
Aufzucht · Pflege und Ausbildung
(**0073**-1) Von A. Hacker, 104 S., 56 Abb., kart. ●

Alles über junge Hunde
(**0863**-5) Von Dr. med. vet. E. M. Bartenschlager, 64 S., 49 Farbfotos, 6 Zeichnungen, kartoniert. ●●

Richtige Hundeernährung
(**0811**-2) Von Dr. med. vet. E. M. Bartenschlager, 80 S., 51 Farbf., 4 Farbzeichn, kart. ●●

Hundekrankheiten
(**1077**-X) Von Dr. med. vet. R. Spangenberg, 96 S., 44 Farb- und 1 s/w-Foto, 22 Farbzeichnungen, kartoniert. ●●

Von Ajax bis Zamperl
Die beliebtesten Hunde-Namen
(**1174**-1) Von H.-J. Schließke, 96 Seiten, kart. ●

Die Katze in der Familie
(**1076**-1) Von U. Birr, 136 S., 112 Farbf., kart. ●●

Katzen
Rassen · Verhalten · Pflege · Zucht
(**4158**-6) Von B. Gerber, 176 S., 294 Farb- und 88 s/w-Fotos, Pappband. ●●●●

Das neue Katzenbuch
Rassen · Aufzucht · Pflege.
(**0427**-3) Von B. Eilert-Overbeck, 120 Seiten, 14 Farbfotos, 26 s/w-Fotos, kartoniert. ●

Katzenkrankheiten
erkennen und behandeln
(**1078**-8) Von Dr. med. vet. R. Spangenberg, 104 S., 40 Farbfotos und 11 Farbzeichnungen, kartoniert. ●●

Junge Katzen
(**0862**-7) Von Dr. med. vet. E. M. Bartenschlager, 72 S., 40 Farbfotos, 4 Farbzeichnungen, kartoniert. ●●

Pferde
(**4186**-1) Von H. Werner, 176 S., 196 Farb- und 50 s/w-Fotos, 100 Zeichnungen, Pappband. ●●●●

Reiten auf Gangpferden
Isländer, Pasos, Saddlehorses und andere Freizeitpferde
(**4716**-9) Von Dr. med. vet. H. Jung, ca. 112 S., zahlreiche Abbildungen, kartoniert. ●●●

Reiten im Bild
(**0415**-X) Von H. Werner, 128 S., 142 Farbfoyos, 107 Farbzeichnungen, kartoniert. ●●

Der Hobby-Imker
(**0978**-X) Von Dr. R. F. A. Moritz, 144 S., 106 zweifarbige Zeichnungen, kart. ●●

Geflügelhaltung als Hobby
(**0749**-3) Von M. Baumeister, H. Meyer, 184 S., 8 Farbtafeln, 47 s/w-Fotos, 15 zweifarbige Zeichnungen, kartoniert. ●●●

Sittiche und kleine Papageien
(**0864**-3) Von Dr. med. vet. E. M. Bartenschlager, 88 S., 84 Farbfotos, 9 Zeichnungen, kartoniert. ●●

Alles über Großsittiche
(**1320**-5) Von H. Bielfeld, 88 S., 88 Farbfotos, 3 Farbzeichnungen, kartoniert. ●●

Alles über Wellensittiche
(**1129**-6) Von H. Bielfeld, 64 S., 53 Farbfotos, 3 Zeichnungen, kartoniert. ●●

Alles über Kanarienvögel
(**0901**-1) Von H. Schnoor, 64 S., 58 Farbfotos und Zeichnungen, kartoniert. ●●

Nymphensittiche
Auswahl · Haltung · Pflege
(**1474**-0) Von F. Moll, ca. 64 Seiten, durchgehend vierfarbig, kartoniert. ●●

Beos
Haltung · Pflege · Zucht
(1475-9) Von M. Wagner, ca. 64 Seiten, durchgehend vierfarbig, kartoniert. ●●

Elternlose Jungvögel
Erste Hilfe · Aufzucht · Auswilderung
(**1319**-1) Von I. Polaschek, 80 S., 80 Farbfotos, 5 Farbzeichnungen, kartoniert. ●●

Diskusfische
Arten · Haltung · Pflege
(**1432**-5) Von H. Hirsch, 64 Seiten, 43 Farbfotos, kartoniert. ●●

Die Tiersprechstunde
Gesunde Fische im Süßwasseraquarium
(**1013**-3) Von H. J. Mayland, 96 S., 73 Farbfotos, 10 Zeichnungen, kartoniert. ●●

Alles über Zwerg- und Goldhamster
(**1012**-5) Von M. Mettler, 96 S., 96 Farbfotos, kartoniert. ●●

Alles über Chinchillas und Degus
(**1130**-X) Von M. Mettler, 96 S., 80 Farbfotos, 3 Zeichnungen, kartoniert. ●●

Alles über Meerschweinchen
(**0809**-0) Von Dr. med. vet. E. M. Bartenschlager, 72 S., 43 Farbfotos, 11 Farbzeichnungen, kartoniert. ●●

Alles über Zwergkaninchen
(**1075**-3) Von M. Mettler,. 64 S., 52 Farbfotos, kartoniert. ●●

Alles über Rennmäuse
(**1318**-3) Von M. Mettler, 80 S., 74 Vignetten, kartoniert. ●●

Sport und Fitneß

Neue Lehrmethoden der Judo-Praxis
(**0424**-9) Von P. Herrmann, 223 S., 475 Abb., kartoniert. ●●

Judo perfekt 1
(**1249**-7) Von K. Fuchs, 128 S., kartoniert. ●●

Judo perfekt 2
Wettkampftechniken im Stand
(**1461**-9) Von K. Fuchs, ca. 144Seiten, kartoniert. ●●

Fußwürfe
für Judo, Karate und Selbstverteidigung.
(**0439**-7) Von H. Nishioka, übers. von H. J. Heese, 96 S., 260 Abb., kartoniert. ●●

Karate 1
zur Selbstverteidigung
(**1312**-4) Von M. Nakayama, 96 Seiten, 315 s/w-Fotos, 5 Zeichn., kartoniert. ●●

Karate 2
zur Selbstverteidigung
(**1362**-0) Von M. Nakayama, 96 Seiten, 245 s/w-Fotos, kartoniert. ●●

Nakayamas Karate perfekt 1
Einführung.
(**0487**-7) Von M. Nakayama, 136 Seiten, 605 s/w-Fotos, kartoniert. ●●

Nakayamas Karate perfekt 2
Grundtechniken.
(**0512**-1) Von M. Nakayama, 136 Seiten, 354 s/w-Fotos, 53 Zeichnungen, kart. ●●

Nakayamas Karate perfekt 3
Kumite 1: Kampfübungen.
(**0538**-5) Von M. Nakayama, 128 Seiten, 424 s/w-Fotos, kartoniert. ●●

Nakayamas Karate perfekt 4
Kumite 2: Kampfübungen.
(**0547**-4) Von M. Nakayama, 128 Seiten, 394 s/w-Fotos, kartoniert. ●●

Nakayamas Karate perfekt 5
Kata 1: Heian, Tekki.
(**0571**-7) Von M. Nakayama, 144 Seiten, 1229 s/w-Fotos, kartoniert. ●●

Nakayamas Karate perfekt 6
Kata 2: Bassai-Dai, Kanku-Dai.
(**0600**-4) Von M. Nakayama, 144 Seiten, 1300 s/w-Fotos, 107 Zeichnungen, kart. ●●

Nakayamas Karate perfekt 7
Kata 3: Jitte, Hangetsu, Empi.
(**0618**-7) Von M. Nakayama, 144 Seiten, 1988 s/w-Fotos, 105 Zeichnungen, kart. ●●

Nakayamas Karate perfekt 8
Gankaku, Jion.
(**0650**-0) Von M. Nakayama, 144 Seiten, 1174 s/w-Fotos, 99 Zeichnungen, kart. ●●

Karate
(**2308**-1) Von A. Pflüger, 96 S., 134 Farbfotos, 4 s/w-Zeichnungen, kartoniert. ●●

Bo-Karate
Hanbo-Jitsu – die Techniken des Stockkampfes.
(**0447**-8) Von G. Stiebler, 176 S., 424 s/w-Fotos, 38 Zeichnungen, kartoniert. ●●

Karate 1
Einführung · Grundtechniken.
(**0227**-0) Von A. Pflüger, 144 S., 195 s/w-Fotos, 120 Zeichnungen, kartoniert. ●

Karate 2
Kombinationstechniken · Katas.
(**0239**-4) Von A. Pflüger, 176 S., 452 s/w-Fotos und Zeichnungen, kartoniert. ●●

Karate Kata 1
Heian 1–5, Tekki 1, Bassai-Dai.
(**0683**-7) Von W.-D. Wichmann, 164 Seiten, 703 s/w-Fotos, kartoniert. ●●

Karate Kata 2
Jion, Empi, Kanku-Dai, Hangetsu.
(**0723**-X) Von W.-D. Wichmann, 140 Seiten, 661 s/w-Fotos, 4 Zeichnungen, kart. ●●

Karate Kata 3
Bassai Sho, Kanku Sho, Nijushiho, Sochin.
(**1120**-2) Von W.-D. Wichmann, 144 Seiten, 598 s/w-Fotos, 4 Grafiken, kart. ●●

Dragon – der Drache
Die Bruce-Lee-Story
(**1415**-5) Von L. Lee, 192 S., 257 s/w-Fotos, kartoniert. ●●●

Bruce Lees Kampfstil 1
Grundtechniken
(**0473**-7) Von B. Lee, M. Uyehara, 109 Seiten, 220 Abbildungen, kartoniert. ●

Bruce Lees Kampfstil 2
Selbstverteidigungs-Techniken
(**0486**-9) Von B. Lee, M. Uyehara, 128 Seiten, 310 Abb., kartoniert. ●

Bruce Lees Kampfstil 3
Trainingslehre
(**0503**-2) Von B. Lee, M. Uyehara, 112 Seiten, 246 Abbildungen, kartoniert. ●

Bruce Lees Kampfstil 4
Kampftechniken
(**0532**-7) Von B. Lee, M. Uyehara, 104 Seiten, 211 Abbildungen, kartoniert. ●

Bruce Lee Kung-Fu
zur Selbstverteidigung
(**1399**-X) Von B. Lee, 104 Seiten, 120 s/w-Abbildungen, kartoniert. ●●

Chuck Norris
Meine Karatetechnik
Erfolgreich in Angriff und Abwehr
(**1460**-0) Von C. Norris, 128 Seiten, kartoniert. ●

Shaolin Kung-Fu 1
Grundlagen chinesischer Kampfkunst
(**1363**-9) Von C. D. Yao, R. Fassi, 124 Seiten, 207 s/w-Fotos, 30 s/w-Zeichn., kart. ●●●

Shaolin Kung-Fu 2
Kampftechniken für Angriff und Abwehr
(**1416**-3) Von C. D. Yao, R. Fassi, 144 Seiten, 581 s/w-Abb., kartoniert. ●●

Kung-Fu 1
Legende · Philosophie · Grundtechniken
(**0891**-0) Von Chr. Yim, 152 S., 401 s/w-Fotos, 2 s/w-Zeichnungen, kartoniert. ●●

Kung-Fu und Thai-Chi
Grundlagen und Bewegungsabläufe
(**0367**-6) Von B. Tegner, 182 Seiten, 370 s/w-Fotos, kartoniert. ●●

Kung Fu
Theorie und Praxis klassischer und moderner Stile
(**0376**-5) Von M. Pabst, 160 Seiten, 330 Abbildungen, kartoniert. ●●

Bruce Lees Jeet Kune Do
(**0440**-0) Von B. Lee, 192 S., mit 105 eigenhändigen Zeichnungen von B. Lee, kartoniert. ●●●

Shaolin-Kempo – Kung-Fu
Chinesisches Karate im Drachenstil.
(**0395**-1) Von R. Czerni, K. Konrad, 246 S., 723 Abbildungen, kartoniert. ●●

Kickboxen
Fitneßtraining und Wettkampfsport.
(**0795**-7) Von G. Lemmens, 96 S., 208 s/w-Fotos, 23 Zeichnungen, kartoniert. ●●

Ninja 1
Die Lehre der Schattenkämpfer.
(**0758**-2) Von S. K. Hayes, übers. von J. Schmit, 144 Seiten, 137 s/w-Fotos, kartoniert. ●●

Ninja 2
Die Wege zum Shoshin.
(**0763**-9) Von S. K. Hayes, übers. von J. Schmit, 160 S., 309 s/w-Fotos, 2 Zeichnungen, kartoniert. ●●

Ninja 3
Der Pfad des Togakure-Kämpfers.
(**0764**-7) Von S. K. Hayes, übers. von J. Schmit, 144 S., 197 s/w-Fotos, 2 Zeichnungen, kartoniert. ●●

Ninja 4
Das Vermächtnis der Schattenkämpfer.
(**0807**-4) Von S. K. Hayes, übers. von J. Schmit, 196 Seiten, 466 s/w-Fotos, kartoniert. ●●

Taekwondo perfekt 1
Die Formenschule bis zum Blaugurt.
(**0890**-2) Von K. Gil, Kim Chul-Hwan, 176 Seiten, 439 s/w-Fotos, 107 Zeichnungen, kartoniert. ●●

Taekwondo perfekt 2
Die Formenschule vom Blau- bis zum Schwarzgurt.
(**0976**-3) Von K. Gil, K. Chul-Hwan, 192 Seiten, 461 s/w-Fotos, 112 Zeichnungen, kartoniert. ●●

Taekwondo perfekt 3
(**1068**-0) Von K. Gil, K. Chul-Hwan, 200 S., 429 s/w-Fotos, kartoniert. ●●●

Taekwondo perfekt 4
(**1250**-0) Von K. Gil, 160 S., zahlr. s/w-Fotos und Schrittdiagramme, 17 Übungstafeln zum Herausnehmen, kart. ●●●

Ju-Jutsu 1
Grundtechniken · Moderne Selbstverteidigung.
(**0276**-9) Von W. Heim, F. J. Gresch, 164 S., 450 s/w-Fotos, 8 Zeichn., kartoniert. ●●

Ju-Jutsu 2
für Fortgeschrittene und Meister.
(**0378**-1) Von W. Heim, F. J. Gresch, 160 S., 798 s/w-Fotos, kartoniert. ●●

Ju-Jutsu 3
Spezial-, Gegen- und Weiterführungs-Techniken · Stockkampfkunst.
(**0485**-0) Von W. Heim, F. J. Gresch, 200 S., über 600 s/w-Fotos, kartoniert. ●●

Aikido
Lehren und Techniken des harmonischen Weges.
(**0537**-7) Von R. Brand, 280 Seiten, 697 Abbildungen, kartoniert. ●●

Hap Ki Do
Koreanische Selbstverteidigung nach dem Lehrsystem des Großmeisters.
(**0379**-X) Von Kim Sou Bong, 112 Seiten, 152 Abbildungen, kartoniert. ●●

Dynamische Tritte
Grundlagen für den Zweikampf.
(**0438**-9) Von C. Lee, 96 S., 398 s/w-Fotos, 10 Zeichnungen, kartoniert. ●●

Super-Tritte
(**1248**-9) Von W. Wallace, 136 S., kart. ●●

Selbstverteidigung
Abwehrtechniken für Sie und Ihn.
(**0853**-8) Von E. Deser, 96 S., 259 s/w-Fotos, kartoniert. ●

Die Faszination athletischer Körper
Bodybuilding
mit Weltmeister Ralf Möller.
(**4281**-7) Von R. Möller, 128 Seiten, 169 Farbfotos, 14 s/w-Fotos, 1 Farbzeichnung, Pappband. ●●●●

Ladyfitneß
Das neue Körperbewußtsein der Frau
Bodyshaping · Körperpflege · Ernährung · Entspannung
(**4433**-X) Von Prof. Dr. S. Starischka, B. Grabis, D. von Cramm, G. W. Kienitz, 128 S., 227 Farbfotos, Pappband. ●●●●

Bodybuilding für Frauen
Wege zu Ihrer Idealfigur
(**0661**-6) Von H. Schulz, 112 S., 84 s/w-Fotos, 4 Zeichnungen, kartoniert. ●

Bodybuilding
Anleitung zum Muskel- und Konditionstraining für sie und ihn
(**0604**-7) Von R. Smolana, 160 S., 171 s/w-Fotos, kartoniert.●●

Bodybuilding
(**2314**-6) Von L. Spitz, 112 S., 203 Farbabbildungen, 10 Tabellen. ●●

Leistungsfähiger durch Krafttraining
Eine Anleitung für Fitness-Sportler, Trainer und Athleten.
(**0617**-9) Von W. Kieser, 96 S., 20 s/w-Fotos, 62 Zeichnungen, kartoniert. ●

Krafttraining
Wirbelsäulengerechte Übungen an und mit Geräten
(**1309**-4) Von A. Balk, 48 S., 8 Bildtafeln, Spiralbindung. ●●●

Muskeltraining mit Hanteln
Leistungssteigerung für Sport und Fitneß
(**0676**-4) Von H. Schulz, 104 S., 92 s/w-Fotos, 2 Zeichnungen, kartoniert.●

Ausdauertraining
Einführung und Grundtechniken
(**1396**-5) Von C. Eyting, 32 S., 41 Farbfotos, 21 Farbzeichn., kartoniert. ●●●

Hanteltraining zu Hause
(**0800**-7) Von W. Kieser, 80 S., 71 s/w-Fotos, 4 Zeichnungen, kartoniert. ●

Optimale Ernährung
für Krafttraining und Bodybuilding.
(**0912**-7) Von B. Dahmen, 88 S., 8 Farbtafeln, 8 Zeichnungen, kartoniert. ●●

Aufwärmen
Übungen und Programme für Sport und Spiel
(**1311**-6) Von Dr. H. Wolff, 40 S., 8 Bildtafeln, Spiralbindung. ●●●

Fitneßtraining
Empfohlen vom Deutschen Sportbund
(**1245**-4) Von Marianne Schreiber, 32 Seiten, Spiralbindung mit Ausklapptafeln. ●●

Wirbelsäulengymnastik
Empfohlen vom Deutschen Sportbund
(**1246**-2) Von L. Keller, 40 Seiten, Spiralbindung mit Ausklapptafeln. ●●●

Aerobics
Low Impact, High-Impact, Step-Aerobic
(**1421**-X) Von M. Freytag-Baumgartner, 44 S., 3 Farbtafeln, 84 Farbfotos, 16 s/w-Fotos, Spiralbindung, kartoniert. ●●●

Stretching
Empfohlen vom Deutschen Sportbund
(**1247**-0) Von A. Balk, 40 Seiten, Spiralbindung mit Ausklapptafeln. ●●

Isometrisches Training
Übungen für Muskelkraft und Entspannung.
(**0529**-6) Von L. M. Kirsch, 104 S., 150 s/w-Fotos, kartoniert. ●●

Stretching
Mit Dehnungsgymnastik zu Entspannung, Geschmeidigkeit und Wohlbefinden.
(**0717**-5) Von H. Schulz, 80 S., 90 s/w-Fotos, kartoniert. ●

Stretching
(**2304**-9) Von B. Kurz, 96 S., 255 Farbfotos, kartoniert. ●●

Gesund und fit durch Gymnastik
(**0366**-8) Von H. Pilss-Samek, 88 Seiten, 130 Abbildungen, kartoniert. ●

Funktionelles Körpertraining
Grundlagen und Bewegungsprogramme
(**1367**-1) Von A. Balk, 40 S., 100 Farbfotos, kartoniert. ●●●

Spielerisch zur Kondition
Über 100 Trainingsspiele zur Verbesserung von Ausdauer, Schnelligkeit, Kraft und Beweglichkeit
(**1214**-4) Von U. Stumpp, 120 S., 30 Grafiken, kartoniert. ●●●

AOK-Videothek
Top-Form Gymnastik
Ein Bewegungsprogramm für pfundige Leute
(**6144**-7) VHS, ca. 30 Minuten, in Farbe. ●●●●*

Fit und frisch
Gymnastik für die ganze Familie
(**6501**-9) Von G. Sieber, 104 S., 306 Farbfotos, 5 Farbzeichnungen, kart., mit Audiokassette, Laufzeit 30 Min. ●●●

Sportjahr 93
Rekorde · Siege · Schicksale · Ergebnisse
Mit Sonderteil Leichtathletik-WM
(**4690**-1) 176 Seiten, 373 Farbfotos, Pappband. ●●●

Freeclimbing
Technik und Training
(**1251**-9) Von T. Strobl, 144 Seiten, durchgehend vierfarbig, kartoniert. ●●●

Fechten
Florett · Degen · Säbel.
(**0449**-4) Von E. Beck, 88 Seiten, 185 Fotos, 10 Zeichnungen, kartoniert. ●●

SportRegeln Volleyball
(**1368**-X) 88 S., 5 Farbtafeln, 19 s/w-Fotos, kartoniert. ●●

Fußball
(**2309**-X) Von H. Obermann, P. Walz, 112 Seiten, 47 Farbfotos, 18 Farb- und 25 s/w-Zeichnungen, kartoniert. ●●

Sepp Maier
Super-Torwart-Training
(**4451**-8) Von S. Maier, 168 S., 30 Farb- und 34 s/w-Fotos, 236 zweifarbige Zeichnungen, Pappband. ●●●●

Fußballtraining für Kinder und Jugendliche
Spiel- und Übungsformen zu Technik und Taktik
(**1463**-5) Von S. Asmus u. a., ca. 128 Seiten, durchgehend vierfarbig, kartoniert. ●●

SportRegeln
American Football
(**1165**-2) 136 S., 18 s/w-Fotos, kartoniert. ●

Streetball
Technik · Taktik · Spiel
(**1465**-1) Von J. Bezler und T. Paganetti, ca. 80 Seiten, durchgehend vierfarbig, kartoniert. ●●

Handball
Technik · Taktik · Regeln.
(**0426**-5) Von F. und P. Hattig, 128 Seiten, 91 s/w-Fotos, 121 Zeichnungen, kart. ●●

Handball
Grundlagen für Training und Spiel
(**2321**-9) Von H.-P. Oppermann, 120 Seiten, 39 Farbtafeln, 12 s/w-Fotos, 108 Farbzeichnungen, kartoniert. ●●

SportRegeln Handball
Die offiziellen Regeln
Wissenswertes von A bis Z
(**1099**-6) 88 Seiten, 32 s/w-Fotos, 14 Zeichnungen, kartoniert. ●

SportRegeln Rugby
Die offiziellen Regeln
Wissenswertes von A bis Z
(**1216**-0) 96 Seiten, zahlreiche zweifarbige Abbildungen, kartoniert. ●

Tennis
Technik · Taktik · Regeln.
(**0375**-7) Von W. u. S. Taferner, 112 Seiten, 81 Abbildungen., kartoniert. ●

SportRegeln Tennis
Die offiziellen Regeln
Wissenswertes von A bis Z
(**1097**-4) 88 S., 24 s/w-Fotos, 6 Zeichnungen, kartoniert. ●

Tischtennis-Technik
Der individuelle Weg zu erfolgreichem Spiel.
(**0775**-2) Von M. Perger, 144 Seiten, 296 Abbildungen, kartoniert. ●●

SportRegeln Tischtennis
Die offiziellen Regeln
Wissenswertes von A bis Z (**1252**-7) 96 S., zahlreiche zweifarbige Abb., kart. ●

Badminton
Technik · Taktik · Training.
(**0699**-3) Von K. Fuchs, L. Sologub, 168 S., 51 Abbildungen, kartoniert. ●●

SportRegeln
Badminton
(**1101**-6) 84 S., kartoniert. ●

Squash
(**2311**-1) Von P. Langhammer, R. Michna, 96 S., 86 Farbfotos, 13 Farbzeichn., kartoniert. ●●

Squash
Ausrüstung · Technik · Regeln
(**0539**-3) Von D. von Horn, H.-D. Stünitz, 96 S., 55 s/w-Fotos, 25 Zeichnungen, kart. ●

SportRegeln Squash
Wissenswertes von A bis Z
(**1100**-8) 64 S., 11 s/w-Fotos, 23 Zeichnungen, kartoniert. ●

Darts
Technik · Taktik · Spiel
(**1466**-X) Von R.W. Sohlbach, ca. 112 S., kart. ●●

Golf
Neue Wege zum erfolgreichen Spiel
(**4509**-3) Von O. Heuler, ca. 144 S., zahlr. Farbabbildungen, Pappband. ●●●●●

SportRegeln Golf
(**1315**-9) 96 S., 19 s/w-Fotos, kartoniert. ●

Golf
Ausrüstung und Technik.
(**0343**-9) Von J. C. Jessop, 96 S., 57 Abb., Anhang Golfregeln des DGV, kart. ●

Eishockey
Lauf- und Stocktechnik, Körperspiel, Taktik, Ausrüstung und Regeln.
(**0414**-1) Von J. Čapla, 264 S., 548 s/w-Fotos, 163 Zeichnungen, kartoniert. ●●●

SportRegeln
Eishockey
(**1098**-2) 116 Seiten, kartoniert. ●

Billard
Grundstöße · Viertelbillard und Freie Partie
(**1313**-2) Von Dr. H. Stingel, 112 Seiten, 196 Zeichnungen, kartoniert. ●●●

Grundlagen für Training und Spiel
Pool-Billard
(**2318**-9) Von B. Pejcic, R. Meyer, 96 S., durchgehend vierfarbig, kartoniert. ●●

Pool-Billard
(**0484**-2) Herausgegeben vom Deutschen Pool-Billard-Bund. Von M.Bach, K.-W. Kühn, 104 S., 64 Abbildungen, kartoniert. ●

FALKEN Video
Reiten
Von der ersten Stunde bis zum Ausritt
(**6097**-1) VHS, ca. 60 Min., in Farbe, mit Begleitheft. ●●●●*

Reiten
(**2322**-7) Von T. Eckholt, 128 S., durchgehend vierfarbig, kartoniert. ●●

Tanzstunde
Das Welttanzprogramm leicht gelernt
(**4409**-2) Von G. Hädrich, 164 S., 489 s/w-Fotos, 63 Zeichnungen, Pappband. ●●●

Wir lernen Tanzen
(**0200**-9) Von E. Fern, 152 S., 119 s/w-Fotos, 47 Zeichnungen, kartoniert. ●●

Anmutig und fit durch
Bauchtanz
(**0911**-9) Von Marta, 120 S., 229 Farbfotos, 6 s/w-Zeichnungen, kartoniert. ●●●

Segeln
(**1364**-X) Von H. Mönster u.a., ca. 128 Seiten, durchgehend vierfarbig, zahlr. Abbildungen, kartoniert. ●●●

Sporttauchen
Theorie und Praxis des Gerätetauchens
(**0647**-0) Von S. Müßig, 144 S., 8 Farbtafeln, 35 s/w-Fotos, 89 Zeichnungen, kart. ●●

Fit mit Sporttauchen
(**2320**-0) Von Dr. F. Naglschmid, 112 Seiten, 71 Farbfotos, 21 Zeichnungen, kart. ●●

Angelfischerei von Aal bis Zander
Fische · Geräte · Technik.
(**0324**-2) Von H. Oppel, 72 Seiten, 16 Farbtafeln, 49 s/w-Abb., kartoniert. ●●

Angeln
Kleine Fibel für den Sportfischer.
(**0198**-3) Von E. Bondick, 80 Seiten, 4 Farbtafeln, 116 Abbildungen, kartoniert. ●

Snowboarding
Ausrüstung · Fahrtechnik · Wettkämpfe
Videokassette (**6139**-0) VHS, ca. 45 Min., in Farbe. ●●●●*

Fibel für Kegelfreunde
Sport- und Freizeitkegeln · Bowling
(**0191**-6) Von G. Bocsai, 72 Seiten, 62 Abb., kartoniert ●

111spannende Kegelspiele
(**2031**-7) Von H. Regulski, 80 S., 53 Zeichnungen, kartoniert. ●

Mensch und Gesundheit

Der moderne Ratgeber
Wir werden Eltern
Schwangerschaft · Geburt · Erziehung des Kleinkindes.
(**4269**-8) Von B. Nees-Delaval, 376 Seiten, 335 2-farbige Abb., Pappband. ●●●●

Ich freue mich auf mein Baby
Ratgeber und Tagebuch für die Schwangerschaft
(**4711**-8) Von E. Portz-Schmitt, 184 S., 18 Farbfotos, 72 Farbzeichn., Pappband. ●●●●

Ich bekomme ein Baby
Wegweiser für Schwangerschaft und Geburt
(**1254**-3) Von B. Nees-Delaval, 144 Seiten, durchgehend zweifarbig, kartoniert. ●●

Wenn der Mensch zum Vater wird
Ein heiter-besinnlicher Ratgeber
(**4259**-0) Von D. Zimmer, 160 S., 20 Zeichnungen, Pappband. ●●●

AOK Bibliothek
Schwangerschaftsgymnastik und Geburtsvorbereitung
(**1423**-6) Von L. Keller, 112 S., 137 Farbfotos, 12 Farbzeichnungen, kartoniert. ●●●

Vorbereitung auf die Geburt und
Schwangerschaftsgymnastik
Atmung, Rückbildungsgymnastik,
(**0251**-3) Von S. Buchholz, 112 Seiten, 98 s/w-Fotos, kartoniert. ●

AOK-Bibliothek
Rückbildungsgymnastik
Informationen, Tips und Übungen
(**1470**-8) Von L. Keller, ca. 112 Seiten, zahlreiche Farbfotos und Farbillustrationen, kartoniert. ●●●*

AOK-Videothek
FALKEN Video
Rückbildungsgymnastik
Informationen, Tips und Übungen
(**6176**-5) Laufzeit ca. 30 Minuten. ●●●●*

Die Kunst des Stillens
nach neuesten Erkenntnissen
(**0701**-9) Von Prof. Dr. med. E. Schmidt, S. Brunn, 112 S., 20 Fotos und Zeichnungen, kartoniert. ●

Der große FALKEN BabyKurs
Pflege · Ernährung · Entwicklung · Erziehung
(**4739**-8) Von K. Schutt, ca. 352 Seiten, ca. 400 Farbfotos, gebunden. ●●●

Das Babybuch
Pflege · Ernährung · Entwicklung
(**0531**-8) Von A. Burkert, 96 Seiten, 76 zweifarbige Zeichnungen, 22 s/w-Zeichnungen, kartoniert. ●●

Babyfitneß
Massage, Spiele, Gymnastik und Schwimmen für Kinder im 1. Lebensjahr
(**1034**-6) Von G. Zeiß, 112 Seiten, 179 zweifarbige Illustrationen, , kartoniert. ●●

Wenn Kinder krank werden
Medizinischer Ratgeber für Eltern
(**4240**-X) Von B. Nees-Delaval, 232 Seiten, 163 Zeichnungen, Pappband. ●●●

Keinen Mann um jeden Preis
Das neue Selbstverständnis der Frau in der Partnerbeziehung
(**4440**-2) Von Shere Hite, Kate Colleran, 208 Seiten, Pappband. ●●●

Total verknallt ... und keine Ahnung?
Alles über Liebe, Sex und Zärtlichkeit
(**1024**-9) Von H. Bruckner, R. Rathgeber, 104 S., 38 Abbildungen, kartoniert. ●●

Streicheleinheiten für Körper und Seele
Partnermassage
(**4444**-5) Von Chr. Unseld-Baumanns, 136 S., 145 Farbfotos, Pappband. ●●●●

Partner gesucht
Die besten Tips und Strategien fürs Kennenlernen
(**1481**-3) Von Dr. C. Harmsen, 128 Seiten, kartoniert. ●●

freundin Ratgeber
Glück braucht Mut
Die Psycho-Logik des Jens Corssen
(**1176**-8) Von J. Corssen, B. Schmidt, 160 S., kartoniert. ●●

freundin Ratgeber
Die faire Trennung
Wie man mit Anstand auseinandergeht
(**1477**-5) Von I. Weber, ca. 144 S., kart. ●●

Angst und Panik
Ursachen · Symptome · Therapie
(**1422**-8) Von Prof. Dr. H.-R. Lückert, 176 S., kartoniert. ●●●

Wörterbuch der Medizin
(**4535**-2) 400 Seiten, 229 Farbfotos, Pappband. ●●●●

Bildatlas des menschlichen Körpers
(**4177**-2) Von G. Pogliani, V. Vannini, 112 Seiten, 402 Farbabbildungen, 28 s/w-Fotos, Pappband. ●●●●

Richtig essen bei
Nahrungsmittelallergien
(**4745**-2) Von Dr. med. C. Thiel, A. Ilies, 128 S., ca. 90 Farbf., gebunden. ●●●

Nahrungsmittelallergien
So ernähren Sie sich richtig!
(**0913**-5) Von Priv.-Doz. Dr. med. Dr. med. habil. J. von Mayenburg, Prof. Dr. med. Dr. phil. S. Borelli, E. Polster, 136 S., kart. ●●

Neurodermitis
Ursachen · Ganzheitliche Behandlung · Selbsthilfe
(**1218**-7) Von Prof. Dr. med. Dr. phil. S. Borelli, 144 S., kartoniert. ●●

Bluthochdruck
Risikofaktoren · Vorbeugung · Behandlung
(**1125**-3) Von Prof. Dr. med. D. Klaus, R. Unsorg, G. Leibold, 152 S., 25 Farbfotos, 22 Farbzeichnungen, kartoniert. ●●●

Arteriosklerose
Risikofaktoren/Vorbeugung/Therapie
Richtige Ernährung bei erhöhtem Cholesterinspiegel.
(**1020**-6) Von Prof. Dr. med. G. Assmann, Dr. troph. U. Wahrburg, 192 S., 84 farb. Abb., 4 s/w-Zeichnungen, kartoniert. ●●●

Asthma
Pseudokrupp, Bronchitis und Lungenemphysem
Krankheitsbilder · Diagnose · Therapie
(**1126**-1) Von Prof. Dr. med. W. Schmidt, S. Ertelt, 152 S., 110 zweif. Zeichn., kart. ●●●

Risiko Herzinfarkt
Empfohlen von der Deutschen Herzstiftung
(**1217**-9) Von C. Halhuber, M. J. Halhuber, 152 S., 38 Farb- und 8 s/w-Zeichnungen, kartoniert. ●●●

So arbeitet das Immunsystem
Funktionsweise · Störungen · Natürliche Stärkung
(**1253**-5) Von V. Friebel, J. Ledvina, A. Roßmeier, 168 S., 18 Farbtafeln, 38 zweifarbige Zeichnungen, kartoniert. ●●●

Diabetes
Krankheitsbild, Therapie, Kontrollen, Schwangerschaft, Sport, Urlaub, Alltagsprobleme. Neueste Erkenntnisse der Diabetesforschung. (**0895**-3) Von Dr. med. H. J. Krönke, 120 S., 4 Farbtafeln, 14 s/w-Fotos, 13 s/w-Zeichnungen, kartoniert. ●

AOK-Bibliothek
Gesunde Haut
Ratgeber für Pflege und Gesundheit
(**1468**-6) Von Dr. med. J. Müller und Dr. med. K.-U. Schmidt, ca. 112 Seiten, zahlr. Abbildungen, durchgehend vierfarbig, kart. ●●●

Naturkosmetik
Die Grundlagen gesunder und natürlicher Hautpflege.
(**1080**-X) Von N. E. Haas, 120 Seiten, 63 Farbabbildungen, kartoniert. ●●

Die sanfte Art des Heilens
Homöopathie
Praktische Anwendung und Arzneimittellehre
(**4418**-X) Von J. H. P. Kreuter, 216 S., 49 Zeichnungen, Pappband. ●●●

Aromatherapie
Gesundheit und Entspannung durch ätherische Öle.
(**1131**-8) Von K. Schutt, 96 S., 40 zweifarbige Abbildungen, kartoniert. ●●

Heilatmen
Ein Weg zu Lebenskraft und innerer Harmonie
(**1047**-8) Von K. Schutt, 112 S., 57 zweifarbige Abbildungen, kartoniert. ●●

Bewährte Naturheilverfahren bei
Herz-Kreislauf-Erkrankungen
(**1084**-2) Von Dr. med. O. Wolff, G. Leibold, 104 Seiten, kartoniert. ●

Risiko Herzinfarkt
(**1217**-9) Von Dr. C. Halhuber, Prof. Dr. M. J. Halhuber, 160 S., durchgehend zweifarbig, kartoniert. ●●●

Krebsangst und Krebs behandeln
Mit einem Vorwort von Prof. Dr. med. Friedrich Douwes.
(**0839**-2) Von G. Leibold, 104 Seiten, kartoniert. ●

Bewährte Naturheilverfahren bei
Krebs
(**1082**-6) Hrsg. H.-R. Heiligtag, 88 Seiten, kartoniert. ●

Heilen mit Blütenenergien
nach Dr. Bach
(**1141**-5) Von J. Wenzel, ca. 96 S., kartoniert. ●

Bewährte Naturheilverfahren bei
Migräne und Schlafstörungen
(**1081**-8) Von G. Leibold, Dr. med. H. Chr. Scheiner, 112 Seiten, kartoniert. ●

Gesunder Schlaf
Schlafstörungen ohne Medikamente erfolgreich behandeln.
(**1036**-2) Von D. H. Alke, 88 S., 22 s/w-Abb., mit Audiokassette, kartoniert. ●●●

Natürliche Behandlungsmethoden bei
Rückenschmerzen
Massage · Gymnastik · Entspannung
(**4447**-X) Von Prof. Dr. med. H. Hess, K. Eder, H.-J. Montag, K. Schutt, 152 S., 168 Farbabbildungen, Pappband. ●●●

TELE-Rückenschule
Wohlbefinden durch bewußte Körpererfahrung
(**1310**-8) Von K. Haak, 64 S., 19 Farb-, 24 s/w-Fotos, 24 Zeichnungen, 2 Ausklapptafeln, mit Audiokassette, kartoniert. ●●●●

TELE-Rückenschule
Wohlbefinden durch bewußte Körpererfahrung
Videokassette (**6108**-0) VHS, ca. 60 Min., in Farbe, mit Broschüre. ●●●●*

Rheuma behandeln und lindern
Mit einem Vorwort von Dr. med. Max-Otto Bruker.
(**0836**-8) Von G. Leibold, 96 Seiten, kartoniert. ●

Besser sehen durch Augentraining
Ein Gesundheitsprogramm zur Verbesserung des Sehvermögens.
(**0914**-3) Von K. Schutt, B. Rumpler, 96 S., 32 s/w-Zeichnungen, kartoniert. ●●

So arbeitet das
Immunsystem
(**1253**-5) Von V. Friebel, I. Ledvina, A. Roßmeier, 192 Seiten, durchgehend zweifarbig, kartoniert. ●●●

Allergien behandeln und lindern
Mit einem Vorwort von Prof. Dr. med. Axel Stemmann.
(**0840**-6) Von G. Leibold, 96 Seiten, 4 Zeichnungen, kartoniert. ●

Enzyme
Vitalstoffe für die Gesundheit
(**0677**-2) Von G. Leibold, 96 S., kartoniert. ●

Besser leben durch Fasten
(**0841**-4) Von G. Leibold, 96 S., kartoniert. ●

Massagetechniken und Heilanzeigen
Reflexzonentherapie
(**4404**-6) Von G. Leibold, 128 Seiten, 53 Farbzeichnungen, Pappband. ●●●

Akupressur zur Eigenbehandlung
(**0417**-6) Von G. Leibold, 112 S., 78 Abb., kartoniert. ●

Shiatsu-Massage
Harmonisierung der Energieströme im Körper
(**0615**-2) Von G. Leibold, 196 S., 180 Abb., kartoniert. ●●●

Fußsohlenmassage
Heilanzeigen · Technik · Selbsthilfe
(**0714**-0) Von G. Leibold, 96 S., 38 Zeichnungen, kartoniert. ●

Entspannung und Schmerzlinderung durch
Massage
(**0750**-7) Von B. Rumpler, K. Schutt, 112 S., 116 zweifarbige Zeichnungen, kartoniert. ●

Gesundheit und Entspannung durch
Massage
(**1317**-5) Von K. Schutt, 168 S., 126 Farbfotos., 61 Farbzeichnungen, kartoniert. ●●●

Gesundheit für Körper und Seele
Entspannung
(**1471**-6) Von K. Schutt, ca. 80 Seiten, durchgehend zweifarbig, kartoniert, Audiokassette ca. 60 Minuten Laufzeit. ●●●●

Entspannung
(**0834**-1) Von Dr. Med. Chr. Schenk, 88 S., 29 Zeichnungen, kartoniert. ●

Autogenes Training
Ein Programm zur Streßbewältigung
(**1278**-0) Von Dr. P. Kruse, B. Pavlekovic, K. Haak, 112 S., durchgehend zweifarbig, kartoniert. ●●●

Erfolg und Lebensfreude durch
Autogenes Training und Psychokybernetik
(**1035**-4) Von D. H. Alke, 80 Seiten, 2 s/w-Zeichnungen, mit Audiokassette, kartoniert. ●●●

Chinesisches Schattenboxen
Tai-Ji-Quan
für geistige und körperliche Harmonie
(**0850**-3) Von F.T. Lie, 120 S., 221 s/w-Fotos, 9 s/w-Zeichnungen, Beilage: 1 s/w-Poster mit zahlreichen Abbildungen, kartoniert. ●●

AOK-Bibliothek
Qi-Gong im Alltag
Chinesische Atem- und Bewegungsübungen
(**1316**-7) Von L. U. Schoefer, ca. 80 Seiten, durchgehend vierfarbig, zahlreiche Fotos, kartoniert. ●●

AOK-Bibliothek
Qi-Gong im Alltag
Chinesische Atem- und Bewegungsübungen
(**1427**-9) Von L. U. Schoefer, ca. 80 Seiten, durchgehend vierfarbig, zahlreiche Fotos, kartoniert, mit Audiokassette. ●●●●

AOK-Videothek
Qi-Gong im Alltag
Chinesische Atem- und Bewegungsübungen
(**6179**-X) Von L. U. Schoefer, ca. 60 Minuten Laufzeit. ●●●●

Yoga für jeden
(**1277**-2) Von K. Zebroff, 144 Seiten, Spiralbindung, durchgehend vierfarbig, kartoniert. ●●●

Yoga
Weg zur Harmonie
(**4417**-8) Von A. Harf, W. von Rohr, 176 S., 171 Farbf., 12 s/w-Zeichn., Pappband. ●●●●

Yoga gegen Haltungsschäden und Rückenschmerzen
(**0394**-3) Von A. Raab, 104 S., 215 Abb., kart. ●

AOK-Bibliothek
Radwandern
für die Gesundheit
(**1369**-8) Von S. Kälberer, J.–U. Knoll, 128 S., 126 Farbfotos, kartoniert. ●●●

AOK-Bilbliothek
Osteoporose
Vorbeugen · Diagnose · Behandlung
(**1371**-X) Von A. Baumgarten, 96 S., 74 Farbfotos, 17 Farbzeichn., kartoniert. ●●●

AOK-Bibliothek
Erkältungskrankheiten
Vorbeugung und Behandlung
(**1372**-8) Von G. Leibold, 112 S., 74 Farbfotos, 7 Farbzeichn., kartoniert. ●●●

AOK-Bibliothek
Krankenpflege zu Hause
Anleitungen, Tips und Informationen
(**1373**-6) Von S. Hof, 104 S., 68 Farbfotos, 32 Farbzeichn., kartoniert. ●●●

PfundsKur Kochbuch
(**4726**-6) Von F. Metzler, 112 S., 81 Farbfotos, Pappband. ●●●

Fit ohne Fett
Die neue PfundsKur
(**1370**-1) Von Prof. Dr. V. Pudel, 128 Seiten, kartoniert. ●

Die aktuelle
Ballaststofftabelle
(**1288**-8) Von Dr. H. Oberritter, 80 Seiten, kartoniert. ●

Neue Rezepte für **Diabetiker-Diät**
Vollwertig · abwechslungsreich · kalorienarm
(**0418**-4) Von M. Oehlrich, 96 S., 8 Farbtafeln, kartoniert. ●

Diät bei Herzkrankheiten und Bluthochdruck
Rezeptteil von B. Zöllner
(**3202**-1) Von Prof. Dr. med. H. Rottka, 92 S., 4 Farbtafeln, kartoniert. ●●

Diät bei Erkrankungen der Nieren, Harnwege und bei Dialysebehandlung
Rezeptteil von B. Zöllner.
(**3203**-X) Von Prof. Dr. med. Dr. h. c. H. J. Sarre und Prof. Dr. med. R. Kluthe, 96 S., 33 Farbfotos, 1 s/w-Zeichnung, kartoniert. ●●

Diät bei Gicht und Harnsäuresteinen
Rezeptteil von B. Zöllner.
(**3205**-6) Von Prof. Dr. med. N. Zöllner, 112 S., 35 Farbtafeln, kartoniert. ●●

Diät bei Zuckerkrankheit
Rezeptteil von B. Zöllner (**3206**-4) Von Prof. Dr. med. P. Dieterle, 112 S., 42 Farbfotos, 4 vierfarbige Vignetten, 1 s/w-Zeichnung, kartoniert. ●●

Diät bei erhöhtem Cholesterinspiegel und anderen Fettstoffwechselstörungen
Rezeptteil von B. Zöllner.
(**3208**-0) Von Prof. Dr. med. G. Wolfram, 102 S., 32 Farbfotos, kartoniert. ●●

Ballaststoffreiche Kost bei Funktionsstörungen des Darms
Rezeptteil von B. Zöllner.
(**3212**-9) Von Prof. Dr. med. H. Kasper, 96 Seiten, 34 Farbfotos, 1 s/w-Foto, kartoniert. ●●

Diät bei Krankheiten des Magens und Zwölffingerdarms
Rezeptteil von B. Zöllner
(**3201**-3) Von Prof. Dr. med. H. Kaess, 96 Seiten, 35 Farbfotos, 1 s/w-Zeichnung, kartoniert. ●●

Diät bei Krankheiten der Gallenblase, Leber und Bauchspeicheldrüse
Rezeptteil von B. Zöllner.
(**3207**-2) Von Prof. Dr. med. H. Kasper, 88 Seiten, 35 Farbfotos, 1 s/w-Zeichnung, , kartoniert. ●●

Video

Hobby Aquarellmalen
Landschaft und Stilleben
(**6022**-X) VHS, 40 Min., in Farbe, mit Begleitheft. ●●●●*

Hobby Ölmalerei
Landschaft und Stilleben
(**6025**-4) VHS, 40 Min., in Farbe, mit Begleitheft. ●●●●*

Seidenmalerei
leicht gemacht
(**6173**-0) VHS, ca. 30 Min., in Farbe ●●●●*

Basteln mit Kindern
(**6041**-6) VHS, 60 Min., in Farbe, mit Vorlagen in Originalgröße, mit Begleitheft. ●●●*

Die Modelleisenbahn
Anlagenbau in Modultechnik
(**6028**-9) VHS, 30 Min., in Farbe. ●●●●*

Golf
(**6053**-X) VHS, 60 Min., in Farbe, mit Begleitheft. ●●●●●*

Reiten
(**6097**-1) VHS, ca. 60 Min., in Farbe, mit Begleitbroschüre. ●●●●*

Karate
Einführung und Grundtechniken
(**6037**-8) VHS, ca. 45 Min., in Farbe, mit Begleitbroschüre. ●●●●*

Skigymnastik perfekt
(**6052**-1) VHS, ca. 60 Min., in Farbe, mit Begleitbroschüre. ●●●●●*

Snowboarding
(**6139**-0) VHS, ca. 45 Min., in Farbe, mit Broschüre. ●●●●*

Pflanzenjournal
Blumen- und Pflanzenpflege im Jahreslauf
(**6036**-X) VHS, 30 Minuten, mit Begleitheft. ●●●●*

Schnitt und Pflege
von Bäumen und Sträuchern
(**6050**-5) VHS, 45 Minuten, in Farbe, mit Begleitheft. ●●●●*

Erfolgreiche Streßbewältigung
Autogenes Training
Video 1: Einführung und Kurs
Video 2: Übungen
(**6132**-3) VHS, jeweils ca. 60 Minuten, in Farbe. ●●●●●*

Aktfotografie
Gestaltung/Technik/Spezialeffekte
Interpretationen zu einem unerschöpflichen Thema
(**6001**-7) VHS, 60 Min., in Farbe, mit Begleitheft. ●●●●●*

Videografieren perfekt
Profitricks für Aufnahmetechnik und Nachbearbeitung
(**6042**-4) VHS, (**6044**-4) Video 8, 60 Min., in Farbe, mit Begleitheft. ●●●●●*

Besser Videofilmen
(**6172**-2) VHS, ca. 60 Minuten, in Farbe. ●●●●●*

Top-Form Gymnastik
Ein Bewegungsprogramm für pfundige Leute
(**6144**-7) VHS, ca. 30 Minuten, in Farbe. ●●●●*

Fitt ohne Fett
PfundsKur Video
(**6142**-0) VHS, ca. 40 Min., in Farbe. ●●●●*

Streicheleinheiten für Körper und Seele
Partnermassage
(**6051**-3) VHS, 45 Min., in Farbe, mit Begleitheft. ●●●●●*

Tele Partner Massage
Zärtliche Entspannung zu zweit
(**6131**-5) VHS, ca. 60 Minuten, in Farbe. ●●●●*

Sinnliche Stunden
(**6099**-8) VHS, ca. 60 Min., in Farbe, mit Begleitbroschüre. ●●●●●*

Nie wieder rauchen
(**6100**-5) VHS, ca. 45 Min., in Farbe, mit Begleitbroschüre. ●●●●*

New York
(**6151**-X) VHS, ca. 60 Min., in Farbe. ●●●●*

Kalifornien
(**6152**-8) VHS, ca. 60 Min., in Farbe. ●●●●*

USA Südwest
(**6153**-6) VHS, ca. 60 Min., in Farbe. ●●●●*

Florida
(**6154**-4) VHS, ca. 60 Min., in Farbe. ●●●●*

Hawaii
(**6164**-1) VHS, ca. 60 Min., in Farbe. ●●●●*

Irland
(**6167**-6) VHS, ca. 60 Min., in Farbe. ●●●●*

Norwegen
(**6161**-7) VHS, ca. 60 Min., in Farbe. ●●●●*

Kanarische Inseln
(**6162**-5) VHS, ca. 60 Min., in Farbe. ●●●●*

Mallorca
(**6143**-9) VHS, ca. 60 Min., in Farbe. ●●●●*

Toscana
(**6148**-X) VHS, ca. 60 Min., in Farbe. ●●●●*

Rom
(**6145**-5) VHS, ca. 60 Min., in Farbe. ●●●●*

Venedig
(**6146**-3) VHS, ca. 60 Min., in Farbe. ●●●●*

Florenz
(**6147**-1) VHS, ca. 60 Min., in Farbe. ●●●●*

Paris
(**6157**-9) VHS, ca. 60 Min., in Farbe. ●●●●*

Wien
(**6158**-7) VHS, ca. 60 Min., in Farbe. ●●●●*

London
(**6159**-5) VHS, ca. 60 Min., in Farbe. ●●●●*

Prag
(**6165**-X) VHS, ca. 60 Min., in Farbe. ●●●●*

Griechische Inseln
(**6166**-8) VHS, ca. 60 Min., in Farbe. ●●●●*

Kuba
(**6150**-1) VHS, ca. 60 Min., in Farbe. ●●●●*

Dominikanische Republik
(**6163**-3) VHS, ca. 60 Min., in Farbe. ●●●●*

Malediven
(**6156**-0) VHS, ca. 60 Min., in Farbe. ●●●●*

Bali
(**6149**-8) VHS, ca. 60 Min., in Farbe. ●●●●*

Thailand
(**6155**-2) VHS, ca. 60 Min., in Farbe. ●●●●*

Hongkong
(**6160**-9) VHS, ca. 60 Min., in Farbe. ●●●●*

Berlin
(**6177**-3) Laufzeit ca. 60 Minuten. ●●●●*

Tunesien
(**6174**-9) Laufzeit ca. 60 Minuten. ●●●●*

Kanada
(**6178**-1) Laufzeit ca. 60 Minuten. ●●●●*

Bestellschein

Erfüllungsort und Gerichtsstand für Vollkaufleute ist der jeweilige Sitz der Lieferfirma. Für alle übrigen Kunden gilt dieser Gerichtsstand für das Mahnverfahren. Falls durch besondere Umstände Preisänderungen notwendig werden, erfolgt Auftragserledigung zu dem bei der Lieferung gültigen Preis.

Ich bestelle hiermit aus dem Falken-Verlag GmbH, Postfach 1120, D-65521 Niedernhausen/Ts., durch die Buchhandlung:

Ex.

Ex.

Ex.

Ex.

Name:

Datum:

Straße:

Ort:

Unterschrift:

Die hier vorgestellten Bücher, Videokassetten und Software sind in folgende Preisgruppen unterteilt:

● Preisgruppe bis DM 10,–/S 79,–/SFr 11,–
●● Preisgruppe über DM 10,– bis DM 20,– S 80,– bis S 160,– SFr 10,– bis SFr 21,–
●●● Preisgruppe über DM 20,– bis DM 30,– S 161,– bis S 240,– SFr 21,– bis SFr 30,–
●●●● Preisgruppe über DM 30,– bis DM 50,– S 241,– bis S 400,– SFr 30,– bis SFr 50,–
●●●●● Preisgruppe über DM 50,–/S 401,–/SFr 50,–
* (unverbindliche Preisempfehlung)

Die Preise entsprechen dem Status beim Druck dieses Verzeichnisses (s. Seite 1) – Änderungen, im besonderen der Preise, vorbehalten –

Falken-Verlag GmbH · Postfach 1120 FALKEN **D-65521 Niedernhausen/Ts. · Tel.: 0 61 27 / 70 20**